Préfac

ÉLODIE GAR

Illustrations de Soledad

Zen,
un jeu d'enfant
18 mois - 6 ans

Grandir heureux
grâce à la méditation et au yoga

J'AI LU
BIEN ÊTRE

Illustrations : Soledad Bravi

Des mêmes auteurs
aux Éditions J'ai lu

Zen, un jeu d'enfant. 6 ans – 11 ans, n° 12060

À Mouche, la meilleure des mamans
E. G.

À mes chers bambins Rozenn et Milo,
à mon grand chéri et à mes petites poilues…
L. B.

SOMMAIRE

Chapitre 2

Enfants de 3 à 6 ans
L'ouverture et le respect par le yoga

PRÉFACE

À la suite d'Épicure et de Montaigne, qui affirment qu'il n'y a pas d'âge pour commencer à philosopher, parce qu'il n'est jamais trop tôt pour prendre soin de son âme, je dirais qu'il n'y a pas d'âge non plus pour prendre soin de son corps et apprendre à l'harmoniser avec son esprit. C'est ce que permet le yoga, discipline indienne millénaire, véritable art de vivre, qui favorise l'équilibre corporel, émotionnel et psychique. Merveilleuse idée donc, de proposer ce guide du yoga pour enfants !

Écrit par deux femmes qui ont une excellente connaissance du développement et des besoins physiques, émotionnels et intellectuels de l'enfant, ce livre, utilement illustré, offre bien plus que des leçons de yoga à pratiquer avec vos bambins. Il est riche en informations précises et passionnantes sur le développement du cerveau, les besoins physiques et psychiques des enfants selon leur âge, leur comportement et les défis qu'ils rencontrent dans leur rapport à eux-mêmes et aux autres. Les conseils concrets abondent, non seulement concernant les postures de yoga adaptées à diverses situations – besoin de calme, de mouvement, de recentrage, de dépense physique, d'apaisement émotionnel, etc. – mais aussi sur l'alimentation, le sommeil, les jeux, le langage… c'est un véritable manuel de savoir-vivre pour enfants que livrent ici les auteurs.

Dans un environnement de plus en plus complexe et anxiogène, où les enfants sont soumis à de nombreux stress, cet ouvrage est un viatique précieux qui peut changer la vie de vos enfants… et la vôtre !

Frédéric Lenoir

Retrouvez les relaxations lues sous les liens suivants :

p. 48-49 - http://media.flammarion.org/jailu/zenunjeu denfant/1.mp3

p. 128-131 - http://media.flammarion.org/jailu/zenunjeu denfant/2.mp3

p. 145-146 - http://media.flammarion.org/jailu/zenunjeu denfant/3.mp3

p. 148 - http://media.flammarion.org/jailu/zenunjeu denfant/1.mp3

p. 160-162 - http://media.flammarion.org/jailu/zenunjeu denfant/4.mp3

p. 195-196 - http://media.flammarion.org/jailu/zenunjeu denfant/5.mp3

p. 208-209 - http://media.flammarion.org/jailu/zenunjeu denfant/6.mp3

INTRODUCTION

Mises en garde...

Le yoga est une approche douce du corps
mais ne dispense pas de consulter un médecin
avant de commencer les séances
afin de s'assurer que chaque membre
de la famille peut s'amuser sans risque
en faisant du yoga.

Il est également recommandé de ne pas manger
ni boire avant une séance
et de boire beaucoup d'eau après.

Il est préférable pour les femmes enceintes,
particulièrement pendant les 4 premiers mois
de grossesse, d'éviter toute pratique
et de poursuivre dans les mois suivants
avec un avis favorable de son gynécologue.

Il est enfin préconisé d'éviter toute séance
pendant les 48 heures suivant
un rendez-vous chez l'ostéopathe.

Le yoga est une discipline très ancienne qui nous apprend à harmoniser et unir le corps, le souffle et l'esprit. C'est bien plus qu'une gymnastique douce, c'est un art de vivre dont les **bienfaits** physiologiques et psychiques sur nos **équilibres émotionnels et corporels** ne sont plus à démontrer.

Nos enfants sont aujourd'hui surstimulés, agités, partagés par des écrans démultipliés, des loisirs toujours plus compétitifs, des publicités consuméristes à l'attractivité nocive... Qu'ils soient à l'école, dans la rue, au stade, en voiture ou à la maison, leur esprit est rarement « mis au repos ». S'ensuivent des difficultés de concentration, une agitation excessive, une fatigue chronique...

Pas de culpabilité ! Dans l'attente de l'arrivée du bébé, nous nous sommes toutes et tous promis à nous-mêmes : « Moi ma fille ne sera pas collée à ma tablette au resto ! Moi mon fils n'aura pas de tétine ! Je ne laisserai jamais mes enfants devant la télé, ils auront des livres, un point c'est tout ! »... Bien sûr... Mais dans la réalité, face à notre absence de 3e et 4e bras – qui seraient pourtant si utiles – et confrontés à la découverte que la journée de notre enfant dure elle aussi 24 heures, nous cédons, papas et mamans confondus, à la bouée de secours tendue par les nouvelles technologies... Comment s'en vouloir ?

Face à cet état de fait – loin de nous l'idée de le critiquer ! –, le yoga nous paraît être aujourd'hui le moyen le plus simple et le plus efficace pour les aider à se **recentrer** vers le bien-être, et avant tout vers eux-mêmes en développant leur **intéroception,** la perception de l'intérieur du corps.

Accompagné par les illustrations drôles et poétiques de Jules et Jeanne réalisées par notre amie Soledad, cet ouvrage vous propose des **séances originales, ludiques, calmes ou dynamiques, adaptées aux âges des enfants** et partageables en famille dans la joie et la bonne humeur.

Les textes **védiques**[1]*, fondateurs de « l'art de vivre » du yoga, soulignent à quel point les **asanas*** ou postures se sont inspirées depuis 3 000 ans de l'observation des animaux mais aussi des bébés et petits enfants. Vous découvrirez ainsi au fil des pages à quel point certaines postures semblent innées aux enfants !

En décidant d'ouvrir ce livre, gardez en tête que la **qualité et la régularité** des séances comptent plus que la durée et la performance. Ces moments de **communication,** verbale et non verbale, vous permettront d'avoir un vrai temps, précieux, d'**échange et d'écoute, de complicité et d'empathie** avec votre enfant. Profitez-en au moins autant que lui ! En pratiquant régulièrement, avec des rituels bien établis, nous visons tous le **développement harmonieux** de l'enfant, à titre personnel comme au sein de sa famille et plus tard d'un groupe social. Se développeront chez lui créativité, équilibre, souplesse, concentration, calme et apaisement...

C'est notre rôle de parents (ou de grands-parents) de leur **donner des clefs** pour grandir bien et droit. Les enfants vivent au présent, c'est à nous de les inciter à en prendre conscience et à profiter pleinement de cet état que nous recherchons bien souvent, une fois adulte, sans parvenir à nous défaire de nos attaches au passé ou de nos permanentes projections vers le futur.

Bien sûr, le yoga constitue le corps du livre, mais nos expériences de yogis et de mamans passionnées de bien-être et de médecines alternatives nous ont menées sur des voies parallèles que nous nous faisons également un plaisir de partager avec vous dans nos « **trucs & astuces** », nos « **bon à savoir** » et « **un jour dans la vraie vie** ».

Avant de vous lancer sur le chemin d'équilibre de Jules et Jeanne, soyez prêt à apprendre à vos enfants autant qu'ils vont vous en apprendre.

---

1. Les termes signalés par un astérisque * sont expliqués dans le glossaire p. 241.

N'hésitez pas non plus à prendre soin de vous et à développer votre propre **pratique personnelle du yoga.** Non pas pour proposer des « copier-coller » de vos cours à vos enfants, mais pour cultiver une bienveillance sincère envers vous-même, pour mieux la transmettre. Comme le dit Jennifer Cohen-Harper, professeure de yoga et figure emblématique du yoga pour enfants aux États-Unis : « Pratiquez et le reste suivra. [...] Pratiquez et un meilleur comportement parental suivra. »

Selon Deepak Chopra, médecin endocrinologue, fervent méditant et auteur culte de notre génération sur les thèmes de la spiritualité et de la médecine alternative, il existe 7 phrases simples qui auront un impact profond sur la vie de votre enfant :

- **Tout est possible ;**
- **Si tu veux obtenir quelque chose, donne quelque chose ;**
- **Quand tu fais un choix, tu changes le futur ;**
- **Ne dis pas non, suis le chemin ;**
- **À chaque fois que tu as une envie ou un souhait, tu plantes une graine ;**
- **Profite du voyage ;**
- **Tu es là pour une raison.**

Pourquoi ne pas essayer, à travers vos séances, de partager ces belles idées… ? Nous vous souhaitons un beau voyage yogique avec Jules et Jeanne !

Rappel des 10 règles d'or pour une pratique en famille réussie

1

Instaurer un esprit de bienveillance basé sur le non-jugement : le yoga n'est pas une compétition et vous n'avez aucun objectif à atteindre autre que d'être bien ensemble à chaque instant !

2

Établir un mode d'apprentissage adapté aux enfants, en s'appuyant sur des images, des sons, des chants, des couleurs, des odeurs, des doudous et surtout des rires. Laisser libre cours à sa créativité !

3

À chaque pratique, associer un message positif, simple et clair, imagé et adapté à l'âge de l'enfant.

4

Partager une intention avant la séance, un thème défini, une émotion ou un événement particulier à célébrer, aussi simple soit-il.

5

Garder toujours un moment, même s'il doit être court, pour la relaxation finale. Elle doit être indéfectiblement ancrée à la pratique du yoga.

6

Autoriser l'imagination ! Chaque enfant a le droit d'interpréter une posture comme il le ressent tant qu'il reste dans le cadre de la séance (et de son tapis !) et qu'il ne se fait pas mal.

7

Encourager l'enfant dans chaque posture,
même s'il s'arrête aux prémices. Ajuster son corps
avec bienveillance, tendresse et félicitations répétées.

8

Aucune douleur ne doit jamais survenir.
Un enfant doit apprendre à ne pas forcer,
à rester dans les limites de son corps.

9

Expérimenter si besoin chaque posture au préalable
pour en comprendre les difficultés
et ressentir les bienfaits, puis en faire la démonstration
avant de guider l'enfant à la réaliser.

10

Pour réussir à faire respirer harmonieusement son enfant,
ne jamais oublier de respirer soi-même !

LE SAC DE MARY POPPINS

Accessoires

Nous pouvons être amenées à vous proposer d'intégrer certains objets au cours des séances. Si vous souhaitez pouvoir approfondir la séquence ou si vous ressentez que votre enfant gagnera en concentration grâce à un objet, il est préférable d'avoir rempli votre sac de Mary Poppins au préalable ! Voici une liste non exhaustive d'accessoires dont vous pourriez vous munir :

- briques de yoga souples (2 par personne)
- foulards de couleur
- 1 ou 2 sangles de yoga
- un *eye-pillow* ou un petit masque cache-œil que l'on utilise pour dormir
- une ou deux pierres (si possible en forme de petit galet : angélite, jade blanc, œil-de-tigre...)
- crécelle, clochette et/ou paire de cymbales tibétaines
- ballon en mousse
- crayons de couleur
- feuilles de couleur + Patafix®/Post-it®, gommettes autocollantes de couleur
- tampon encreur (choisir un petit tampon avec un animal dont vous ferez votre compagnon imaginaire pendant certaines séances : singe, éléphant, lion, serpent...)

- jeu de loto des animaux et tout autre jeu de société sur le thème du yoga

Petite trousse « bien-être »

Sans être pharmaciennes nous sommes des mamans vigilantes au bien-être de notre enfant et privilégions les remèdes naturels, notamment l'homéopathie pour soigner tous les rhumes et bobos hivernaux.

Les huiles essentielles et végétales

Choisissez-les toujours bio et comportant le nom de la plante, l'espèce, la variété, l'organe producteur et sa spécificité chimique.

- Lavande officinale (calmante), citron (dynamisante ou contre le mal du transport), pamplemousse, orange (tonifiante), cannelle (antiseptique), menthe poivrée (maux de tête, sphère ORL), ravintsara (bronchites), cyprès (purifiant), *Eucalyptus radiata* (sphère ORL), hélichryse italienne (excellente sur les bleus et bosses), ciste (cicatrisant).
- Vous pouvez déposer quelques gouttes sur un tissu, en mélanger à de l'eau ou du lait dans un petit vaporisateur ou bien mélanger 2 gouttes dans une huile basique : amande douce calendula, rose, macadamia, jojoba.
- Les huiles essentielles sont des substances très actives : ne les laissez pas à la portée des enfants, respectez les doses indiquées. Au besoin faites-vous conseiller par un aromathérapeute, un pharmacien ou un bon naturopathe...

Les huiles essentielles ne s'utilisent jamais pures au contact de la peau des enfants (d'autant plus que certaines sont photo-sensibilisantes) ni des femmes enceintes ou allaitantes.

Le Sitopaladi

- Le Sitopaladi, une super astuce pour soigner ou préserver la sphère ORL que nous a confiée Marc Keister, médecin ayurvédique américain reconnu dans le monde entier.

- C'est un mélange de poudre de bambou, gingembre, poivre long, cardamone, cannelle, ashwaghanda (plante indienne) et sucre de canne.
- On peut l'utiliser (à diluer) à partir de 18 mois.
- Le Sitopaladi protège des coups de froid et des rhumes. Si le microbe attaque quand même, le Sitopaladi soulage efficacement.

Chapitre 1

ENFANTS DE 18 MOIS À 3 ANS

JEUX ET DÉCOUVERTE DU YOGA

En guise d'introduction

Voici une première approche du *baby yoga* que nous vous invitons à installer **avec humour,** sans pression et en **valorisant** votre enfant, dès son plus jeune âge.

Les limites physiques n'existent pas pour les tout-petits, elles bougent en permanence et se développent progressivement. Le yoga va permettre d'explorer comme une découverte infinie ce tout nouveau corps, aussi bien dans ses tissus extérieurs que dans le développement de sa musculature, de ses articulations et de ses organes internes.

Le **mimétisme et le jeu** vont devenir des alliés incontournables de vos séances. Vous allez évoquer un animal ou un objet et l'enfant comprendra très vite qu'il va l'imiter à travers une posture, de façon naturelle. À cet effet, laissez toute forme d'ego enfermée dans un tiroir. Ne cherchez pas à impressionner votre enfant, à susciter de l'admiration par des postures savantes ou acrobatiques.

À travers des postures imagées, l'enfant découvrira les mille et une possibilités de son corps, de sa souplesse souvent très grande. Il appréhendera aussi ses **limites** physiques, psychomotrices ou émotionnelles et trouvera au fil des séances des moyens de contourner les frustrations.

Le yoga va l'aider à ouvrir les yeux sur ses **richesses,** parfois surprenantes, plutôt que sur ses manques et faiblesses.

En alternant des exercices calmes et toniques, vous aidez l'enfant à distinguer dans son corps ces deux états : la **mémoire du corps** est parfois plus efficace que les seules paroles.

Trucs & astuces

METTRE EN PLACE VOS PREMIÈRES SÉANCES DE BABY YOGA

- **Établissez un rituel pour vos séances :** un début et une fin toujours identiques, pour édifier un cadre systématique rassurant. Faites par exemple sonner une clochette, un bol chantant, une crécelle, puis **récitez un mini-mantra*** très simple comme : « **Je suis calme, je suis un arbre** ». Les **mantras*** aident aussi à rester concentré (surtout quand les postures demandent l'immobilité, pour les enfants plus grands).
- Autre option facile et efficace : prenez une longue inspiration en levant les bras, une longue expiration en baissant les bras et en finissant les mains en prière contre le plexus (en **Namasté***). Répétez 3 fois ce mouvement, au rythme d'une danse indienne. Ce mouvement, que vous pouvez accompagner d'un **mantra***, symbolisera **la mise en attention du corps et de l'esprit** pour démarrer la pratique.
- **Déterminez un endroit de la maison où se dérouleront toujours les séances :** étalez un tapis ou une couverture au sol qui ancrera l'idée d'un « espace du calme ». Lorsque certaines postures plus dynamiques seront synonymes d'agitation, il vaudra mieux en sortir

(si possible évidemment). Ce sera le meilleur moyen de faire comprendre à l'enfant, sans même l'expliquer, qu'il y a des endroits, tout comme des moments, pour apprécier et cultiver le calme. Le tapis de yoga doit incarner cette zone spatio-temporelle dédiée à la détente. Pratiquez pieds nus pour développer la sensibilité de la voûte plantaire et ne pas glisser. Couvrez-vous lors de la relaxation si besoin, car le corps qui a eu chaud peut se refroidir très vite.

- **Respectez le rythme, les besoins et les limites des enfants :** si 10 minutes lui suffisent, n'insistez pas. S'il ressent un besoin particulier de se coller à vous, laissez-le s'installer confortablement sur vos jambes, votre ventre, et faites-lui ressentir à travers vos propres mouvements et votre respiration les mouvements du corps. Cette découverte du ressenti à travers vous sera **aussi bénéfique qu'un enchaînement de postures.**
- On oublie à quel point les petits, particulièrement entre **12 et 24 mois, aiment nous toucher et découvrir les** « phénomènes rigolos » de notre corps, comme le ventre qui se transforme en ballon pendant l'inspiration, la force des bras qui serrent, le drôle de petit trou du nombril, les doigts qui se transforment en guiliguilis, le visage qui grimace… Laissez votre enfant vous « explorer » s'il en ressent le besoin. De même si votre enfant a envie de refaire une posture plus qu'une autre, ce ne sera jamais du temps perdu ! **Soignez les transitions :** c'est souvent lors des passages entre 2 postures ou 2 histoires que la déconcentration surgit. Les transitions vont également vous permettre d'avancer avec cohérence dans le fil des histoires proposées pour chaque séance.
- **Pratiquez toujours en 3 étapes,** même si elles sont très courtes, et quel que soit l'âge de votre ou vos enfants. Ce découpage entre échauffement (calme ou tonique), postures et relaxation est primordial dans le yoga. La connexion du corps, de l'esprit et du souffle passe nécessairement par ces 3 étapes, qu'il faut savoir respecter dès le plus jeune âge.

- **Vous pouvez associer la famille :** un grand frère, une petite sœur, mais aussi les grands-parents qui sont les bienvenus dans la pratique… Pour un enfant tout-petit, un grand frère ou une grande sœur peut être un moteur. C'est un bon moyen de partager et de valoriser les aînés. En tout cas, soyez clair dans vos choix, cela rassurera les enfants !

TOPO SUR L'ÉVOLUTION DE L'ENFANT DE 18 MOIS À 3 ANS

“

Tous les enfants sont différents, voici donc quelques données factuelles... mais non contractuelles ! Si vous n'avez pas engendré l'enfant parfait, c'est sans doute parce que vous-même ne l'êtes pas et c'est tant mieux. Mettez la culpabilité de côté pour apprécier ce qui suit...

Et souvenez-vous que vous êtes le meilleur parent qui soit pour votre Jules ou votre Jeanne.

Petit rappel génétique…

L'intelligence du nourrisson

Les capacités de notre cerveau sont façonnées à 20 % par notre génétique et à 80 % par nos expériences. Il ne tient donc qu'à nous de les enrichir !

On a cru jusqu'aux années 1980 que les cerveaux des bébés étaient des ardoises vierges, mais on sait maintenant que c'est faux. La psychologie du développement a pris une place prépondérante dans les crèches. Des expériences sont mises en place pour tester l'intelligence des enfants de 18 mois, par exemple via le jeu du miroir, prouvant la capacité innée à la reconnaissance de soi. Dès lors qu'ils sont capables de prendre conscience d'eux-mêmes, ils sont capables de prendre conscience de l'autre. D'où l'intérêt de développer leur empathie à travers une pratique du yoga dès le plus jeune âge. Ils seront prêts plus tôt pour l'entrée à l'école, ce qui augurera une vie scolaire harmonieuse.

Non pas une intelligence mais plusieurs

Logico-mathématique, interpersonnelle, visuelle et spatiale, musicale, verbale et linguistique, intrapersonnelle (connaissance que l'on a de soi, de ses émotions, de son corps), corporelle-kinesthésique, naturaliste… Au moins 8 formes

« officielles » d'intelligence coexistent, chacune sollicitant des zones particulières du cerveau.

Ainsi, il est aujourd'hui prouvé que réussir est à la portée de tout enfant, quelle que soit son intelligence dominante et qu'il est parfaitement possible de développer certaines habilités par stimulations.

L'éveil de l'enfant à partir de 18 mois

La pensée d'appropriation

À partir de 18 mois, Jules et Jeanne sont encore très égocentriques, c'est-à-dire que l'enfant et le monde extérieur sont encore confondus. Tout lui appartient ! Les adorables « c'est MON doudou, c'est MA maman à moi... » sont monnaie courante et lui permettent de définir un territoire d'existence mais expriment aussi le besoin de se protéger, de marquer son identité, d'être réassuré en permanence. Ne forcez pas Jeanne ou Jules à abandonner ce phénomène d'appropriation égoïste, c'est beaucoup trop tôt.

Les images mentales

À cet âge, l'enfant peut créer des images mentales. Il croit à tout ce qu'il voit ou pense voir et les objets inanimés sont pour lui dotés d'une volonté et d'une capacité à interagir. Les lectures de contes sont particulièrement bénéfiques car sa capacité à imaginer suscite une pensée dite « symbolique » que l'on verra se matérialiser à partir de 3 ans dans les jeux de « faire semblant ». Il pourra jouer tous les rôles et appréciera particulièrement le mimétisme parental qui lui permet d'incarner la projection de ce qu'il aimerait être.

Les stimulations extérieures

Avant la fin de sa deuxième année, à la vitesse de croissance s'associe une fantastique capacité d'appréhension. Plus on commence tôt à lui apprendre le monde, mieux il sait. Sans en faire trop toutefois car le petit enfant se fatigue plus vite qu'il n'y paraît.

Un grand nombre de recherches sur le développement du cerveau de l'enfant permettent aujourd'hui d'affirmer qu'il ne se développe normalement que s'il reçoit de façon très précoce des stimulations variées et nombreuses, aussi importantes que les sollicitations affectives et une bonne nutrition.

Les compétences cognitives

Les interactions avec l'environnement jouent un rôle majeur, comme les manipulations d'objets et de matières qui vont favoriser l'acquisition de compétences cognitives fondamentales. L'enfant doit apprendre ce qui l'entoure, comme les formes et les couleurs et acquérir progressivement la notion de permanence de l'objet, la reconnaissance de soi, les phénomènes d'imitation et les premiers apprentissages intellectuels... Toutes ces thématiques essentielles vont l'aider à acquérir une meilleure perception du corps par l'élaboration du schéma corporel (*Élever son enfant*, de Marcel Rufo et Christine Schilte). C'est sur la base de la construction de ce schéma que nous vous proposons les séances courtes et simples qui vont suivre...

L'importance du contact

Votre petit enfant a encore besoin des bras, du portage... « Être porté, pour un enfant, c'est se fabriquer la conscience de son corps, la conscience de l'autre et le stock de souvenirs qui en permettront l'entretien » (*Questions d'enfants*, Brigitte Thévenot et Aldo Naouri). Rappelez-vous que ces contacts sont une forme de langage non verbal... Aux premiers stades de l'embryon, les cellules de la peau et du cerveau sont les mêmes. Et ce n'est pas anodin que les médecines orientales considèrent la peau comme le 2e cerveau !

Bon à savoir

Le toucher est le sens le plus développé des bébés à la naissance, le facteur clef du lien « animal » parent/enfant. Christiane Gelitz, journaliste scientifique, explique que « nous sommes nés pour être caressés », les recherches démontrant que les caresses stimulent les deux zones du cerveau, cortex préfrontal et sphère émotionnelle. Le toucher apporte maîtrise, confiance en soi, apaisement : ne vous en privez pas avec vos petits ! De récentes études prouvent également que se toucher soi-même permet « de mieux rester concentrés sans être stressés », de se connecter à soi-même et à ses émotions. Nous ne saurions trop vous conseiller de garder ça dans un coin de votre tête et de penser à penser à vous (article de Christiane Gelitz dans *Cerveau & Psycho*, n° 74, février 2016).

Les premiers pas

L'acquisition de la marche s'effectue entre 10 et 18 mois, âge auquel votre enfant explore son nouvel équilibre : il marche à reculons, s'assied seul sur une chaise, s'accroupit, escalade et commence à évoluer sans que vous ne soyez toujours derrière lui.

La conscience du corps

Dans les mois qui suivent, son appréhension de l'espace et des objets va s'affiner. Pédaler, tenir un crayon, descendre les escaliers, découper… Même si sa conscience des dangers est encore limitée, ce n'est plus un bébé, il perd ses rondeurs, s'affine et s'affirme « comme un grand ». Sa sensibilité tactile devient forte et sa coordination œil-main est très performante.

Vers 3 ans, les enfants courent facilement, peuvent marcher longtemps, leur maladresse s'estompe. Ils vont adorer découvrir l'immense potentiel de leur corps à travers les séances de yoga.

L'émergence de la personnalité

Les premières colères

À partir de 18 mois, l'enfant veut toucher à tout, c'est fatigant mais aussi très rassurant ! Il commence à se confronter à la frustration génératrice de colères et le manque de contrôle de ses propres sentiments et pulsions, comme de ses désirs d'autonomie, est aussi déstabilisant pour lui que pour nous. Ce contrôle va se faire petit à petit dans le calme, l'humour et la fermeté.

> **“ Un jour dans la vraie vie**
>
> Mon fils a commencé à s'opposer à nous à partir de ses 2 ans et demi… et cela a duré bien au-delà des temps réglementaires. Nous avons dû rester patients mais nous avons parfois pété les plombs aussi, ne sachant plus à quel saint nous vouer quand survenait la Déesse Colère. Depuis… vive le yoga !

Pour l'aider dans ce cheminement, restez tolérant et veillez à ne pas lui offrir trop de choix ou à ne pas toujours demander « d'accord ? ». Il ne pourra que répondre « non », même si c'est oui. Établissez ensemble des rituels rassurants face au grand bouleversement que vit l'enfant, ils aideront au compromis. Le contournement, l'alternative et l'humour représentent de bonnes façons de faire respecter une interdiction… Le yoga créera au fur et à mesure un espace de plus en plus grand entre les pulsions et la raison.

Gérer ses colères selon les âges

Face à une colère – elles peuvent être nombreuses à cette période –, évitez de vous mettre dans le même état, protégez-vous, mettez une petite distance, de l'indifférence… L'enfant a sans doute des raisons d'être en colère, mais vous pouvez aussi faire le choix délibéré de ne pas la subir !

« Si l'agressivité est un comportement universel de l'enfant entre un et trois ans » (*Votre enfant de 1 à 3 ans*, d'Anne Bacus), inquiétez-vous uniquement en cas de réelle cruauté. Les postures du bûcheron et du volcan seront parfaites en yoga, tout comme les miniséances de relaxation que nous vous proposons en lecture dans ces pages et grâce aux flash-codes associés.

Vers les 2 ans de Jeanne et de Jules, vous êtes sur une crête : restez ferme sans tomber dans l'autoritarisme... Souplesse, calme, respiration (vive le yoga) sont de mise car ce passage est très important : écoutez, discutez mais ne laissez pas le pouvoir à l'enfant – ça ne lui rendra pas service aujourd'hui ni demain ! Son besoin de limite est bien réel, votre autorité doublée d'amour le rassurera.

Commencez par respecter vous-même les limites que vous souhaitez que votre enfant respecte ; il apprendra par mimétisme. Si vous vous contrôlez, si vous prenez du recul face aux événements ou aux contrariétés passagères, il finira lui aussi par aborder les choses sereinement et ne plus céder à l'agressivité qui l'habite parfois... N'oubliez jamais le maître mot de son caractère inné : la gentillesse !

Vers 3 ans, l'enfant se connaît bien et tient à montrer qui est cette personne : de façon drôle et charmante mais aussi dans l'opposition et la prise de pouvoir. Il sait faire beaucoup de choses de manière autonome mais a encore besoin de l'adulte pour de nombreuses tâches... ce qui donne lieu à quelques colères ou caprices résiduels.

Le langage, puits de créativité

Entre 20 et 30 mois

Sauf handicap, tous les enfants à cet âge apprennent à parler, ce qui constitue une véritable prouesse. Cet apprentissage est plus ou moins rapide, plus ou moins facile mais ils parleront TOUS ! (Einstein marcha très tard et ne parlait toujours pas à 2 ans...)

- **À partir de ses 20 mois** le mot préféré et prononcé le plus souvent est « non », même si l'enfant pense « oui », reflet de son désir d'autonomie.

Les comptines et autres chansons à doigts sont une source d'apprentissage du langage mais aussi du schéma corporel de l'enfant. Aidez-le dans cette acquisition en lui parlant normalement et en évitant le simple « parler bébé ».

Moment de complicité précieux, lire des livres va aussi favoriser le vocabulaire et plus tard l'apprentissage de la lecture.

Vers 2 ans

Jules parle de mieux en mieux, diminue (ponctuellement) ses colères. Ce langage enrichi contribue à sa curiosité sans fin. Il connaît des chansons par cœur qu'il adore écouter en boucle, il invente des noms, des comptines, aime sentir, toucher, écouter, voir, s'émerveiller des richesses de la nature, déceler les petits détails du quotidien à la maison…

Vers 3 ans

Vient le temps infini des « pourquoi ? »… qui paraît toujours très (trop…) long. Surtout lorsqu'il devient répétitif, mettant à l'épreuve votre habilité à respirer pour rester calme et patient. Même lorsque l'attaque de questions démarre au réveil à 7 heures du matin, faites de votre mieux pour y répondre intelligiblement. Et mettez votre ego au placard, c'est l'occasion pour lui de se rendre compte que l'adulte ne sait pas tout ! Sa créativité langagière n'a plus de bornes, encouragez-le sans ironie mal placée et n'hésitez pas à noter ses petits mots drôles, imagés et poétiques.

Le sommeil… problématique, ou pas !

Entre 2 et 5 ans apparaissent la peur du noir, la peur des monstres, les terreurs nocturnes et le sommeil peut devenir compliqué… Nous, parents, savons que le sommeil est vital, que c'est le moment où l'enfant grandit, où le cerveau « digère » et fait le tri de tous les apprentissages de la journée. Il est donc compréhensible de nous inquiéter, frôlant nous-mêmes l'épuisement. Mais avec l'établissement d'un rituel (voir nos « trucs & astuces ») et un comportement clair de notre côté, les choses devraient rentrer dans l'ordre.

Le rituel du coucher

L'heure qui précède le coucher a une grande importance.

Dès le plus jeune âge peut s'établir un cérémonial (positif !) pour aller se coucher. Ce rituel protégera Jules comme

Jeanne de toute peur et vous permettra d'éviter le manège des demandes incessantes et farfelues permettant de retarder l'heure de mise au dodo !

En pratique

Il est crucial de ne pas « expédier » le coucher. Prenez entre 15 et 30 minutes pour ce moment de transition important : il s'agit de profiter d'un temps calme et de donner la confiance à l'enfant qu'il peut s'endormir et rester seul pour la nuit. L'enfant peut se relever un peu, appeler, cela n'est pas très grave mais restez ferme et point de culpabilité : votre enfant a vraiment besoin de dormir !

Le doudou devient ici l'allié de tous. Laissez aussi une veilleuse, la lumière dans le couloir, la porte ouverte... Ses « fixettes » vont évoluer, laissez-le les exprimer et respectez-les.

Rassurez-le également sur les peurs elles-mêmes, tout à fait normales et légitimes. Prenez-les en compte, sans moquerie et avec patience : elles sont bien réelles et sont de celles dont on se souvient toute sa vie.

Trucs & astuces

FAVORISER LE COUCHER ET LE SOMMEIL DU PETIT ENFANT

Voici quelques astuces pour faire du coucher un moment de plaisir partagé.

- **Un massage à l'huile d'amande douce** est fortement conseillé pour apporter confiance et détente à votre enfant dès son plus jeune âge. Particulièrement apprécié après le bain, il permet de laisser s'envoler les éventuels stress corporels de la journée pour une soirée apaisée.
- **Gardez toujours à l'esprit que l'entrée dans le sommeil se prépare par le bain.** Depuis toujours, l'eau est reconnue comme le meilleur élément pour aider le corps à retrouver une vraie sensation de bien-être, peut-être héritée des souvenirs intra-utérins. Ne négligez pas cette étape primordiale !
- **Racontez la journée à un doudou ou à sa peluche préférée :** dès que l'enfant maîtrise la parole, apprenez-lui à raconter sa journée, une histoire ou à chanter une petite chanson à son ou ses compagnons de la nuit. Commencez par le faire vous-même les premiers soirs, petit à petit votre enfant vous coupera la parole pour raconter lui-même. Un remède imparable pour pouvoir s'éclipser en douceur de la chambre…

- **Osez les pierres pour calmer les cauchemars et sommeils tourmentés !** Les pierres qui suivent apaisent et « cocoonent », simplement posées sur une table de nuit… Jules apprécie particulièrement la calcite bleue, la tourmaline, l'angélite, le jade blanc. Jeanne respecte beaucoup ses pierres et adore les nettoyer à l'eau pure le matin. Vous posez la pierre sur son front pendant l'histoire, puis la déposez à côté du lit pour la nuit.
- **Offrez-lui un biberon ou un verre de fleur d'oranger,** à diluer dans un peu d'eau tiède et sans sucre : elle favorise agréablement le sommeil des petits (et des plus grands, laissez-vous tenter aussi !).
- **Adoptez les règles de base du *feng shui*** pour que la chambre reste, par essence, la pièce de la sérénité. Elle doit être douce, apaisante et calme, en un mot : « **Yin*** ». Les énergies de type « **Yang*** » sont donc à proscrire, particulièrement pour les plus petits : pas d'écrans ni d'appareils électriques, pas de bazar autour et sous le lit (évitez les piles de livres ou de jouets), pas de fontaine ou de représentation d'eau, pas de fleurs naturelles ou représentées, pas d'étagères au-dessus de la tête ni de miroir réfléchissant le lit, pas d'objet ou meuble représentant des animaux sauvages… Bonne nuit !

Nourriture, vers l'apprentissage des goûts et de l'autonomie

Entre 18 mois et 3 ans

Votre enfant va considérablement évoluer en ce qui concerne la nourriture : c'est l'heure des grandes découvertes culinaires et de l'éveil des sens... dans tous les sens !

Privilégiez les produits frais mais ne culpabilisez pas non plus de céder aux sirènes marketing du « plat pour bébé », surtout s'il est bio.

L'enfant apprend à manger seul à un rythme généralement lié au mode de garde et à vos propres habitudes... La purée peut vite repeindre la cuisine... Ultra-maniaques s'abstenir.

Vers 2 ans

Il est tout à fait capable de manger à table avec tout le monde. Petit à petit, éliminez les biberons au profit des verres et petits bols.

Dès la diversification, **introduisez le bio,** c'est une saine habitude que les parents prennent souvent à la naissance de leurs enfants. Nous y reviendrons plus en détail dans le chapitre suivant car, sans vouloir imposer de *diktats*, nous sommes de ferventes militantes de la transition au TOUT BIO !

Le jeu, vital pour le développement

Les bienfaits du jeu

Le jeu représente un langage universel partagé par tous les enfants. Un enfant qui ne joue pas ou ne rit pas peut être perçu comme un signe inquiétant.

Le moment du jeu est l'occasion pour Jeanne comme Jules de se révéler à eux-mêmes. Profitez de ces instants, observez-les et replongez vous-même en enfance, c'est une soupape de gaieté légère que nous devrions tous nous offrir quotidiennement ! Laissez de côté votre habitude de montrer comment tout fonctionne, laissez-les faire par eux-mêmes, tâtonner, retourner, démonter, appréhender à leur manière.

Le jeu permet d'apprendre à attendre, à s'ouvrir, partager, se plier à des règles et des consignes : c'est le début de la vie en société.

Quels types de jeux ?

Très rapidement, les enfants aiment toucher, manipuler, transvaser (vive les jeux d'eau), construire, démonter, remonter et imaginer. Le ballon est parfait pour Jules et pour Jeanne ! Il offre équilibre, concentration, coordination, précision, latéralisation.

Les jouets les plus simples sont d'excellents vecteurs de créativité ainsi que les meilleurs supports pour l'imaginaire débordant des bambins. Rassemblez quelques matériaux basiques et adaptés aux âges (tissus, cartons, papiers d'emballage…) : l'enfant pourra les utiliser à sa guise.

Les enfants vont beaucoup jouer à imiter les adultes, à revivre des situations de la journée (bonnes ou mauvaises). N'avez-vous jamais été estomaqué devant votre enfant en train de gronder ses nounours, le doigt levé, singeant précisément vos expressions faciales et verbales ? Ne perdez jamais de vue que vous êtes partie prenante dans tous ses jeux !

Une sociabilité en pleine expansion

Les jeux solitaires

Entre 18 mois et 2 ans, Jules et Jeanne ne jouent pas encore beaucoup ensemble, ils pourront collaborer éventuellement ou jouer côte à côte. En revanche, ils aiment beaucoup la présence des adultes. Qui n'a pas eu cette légère arrière-pensée : « mon fils n'arrive pas à se faire de copains… », « ma fille est sauvage… » ? Rassurez-vous.

Dans les moments où les enfants sont libres de jouer seuls ou à plusieurs en collectivité, on constate que les relations sociales augmentent tant sur le plan de l'imitation, de la coopération que des conflits. L'empathie va se développer à partir de ces échanges sociaux.

En route vers la sociabilité

Vers 2 ans 1/2, l'enfant peut organiser des jeux simples et courts avec ses pairs, dont, nous vous rassurons, vous ne comprendrez jamais les règles ! La coopération est en marche, le début des amitiés aussi.

À 3 ans, c'est la rentrée de Jeanne et Jules à l'école ! Cette étape redoutée par nombre d'entre nous va s'avérer assez facile pour certains enfants, particulièrement ceux ayant eu tôt l'habitude de la séparation, de la collectivité ou un grand frère ou sœur déjà dans l'école... Néanmoins, ce passage nécessite un peu de préparation pour chaque enfant... comme pour les parents.

À partir de la rentrée, veillez autant que possible à ce que votre enfant mène une vie saine et régulière : respect des cycles du sommeil, y compris le week-end, alimentation équilibrée et particulièrement solide le matin, pas d'écran et (s'il vous plaît...) pas trop d'activités... Vive l'ennui, tellement important pour le développement du cerveau de l'enfant !

En cas d'angoisse, dites-vous que la nature étant bien faite, l'école arrive au bon moment de son développement, même si les débuts peuvent s'avérer difficiles pour certains.

Trucs & astuces

Pour favoriser sa sociabilité, faites des fêtes... Jeanne, Jules, tous les enfants à tout âge adorent ça ! Célébrez les belles choses du quotidien, inventez-vous une « danse de la joie », commencez le repas par le dessert, pique-niquez dans le salon, inventez vos séances de yoga... Si les habitudes et les limites sont très importantes car structurantes, elles sont aussi faites pour être transgressées parfois, en toute complicité...

SÉANCE TONIQUE

Bienvenue dans un monde tout rond

À travers les postures et les jeux présentés, votre enfant va pouvoir dépenser son énergie explosive et vous allez lui donner une bonne dose de confiance en lui comme en vous, permettant un grand lâcher-prise, sans gêne ni jugement. Et quoi de plus drôle pour un tout jeune enfant que les formes rondes et les ballons ? Prêts ? Roulez jeunesse !

Échauffement tonique : la course aux bulles

Humidifiez un gant de toilette, frottez-le avec un savon, collez-le sur votre bouche et soufflez doucement bouche grande ouverte. L'apparition de ces simples bulles de savon est toujours euphorisante ! Encouragez Jeanne et Jules à les attraper et à les éclater avec les mains puis avec les pieds, puis inversez les rôles. L'idéal est de pratiquer dehors, mais comme chacun sait, le savon ne tâche pas !

Faire tout en rond : improvisation corporelle de la bulle

Vous êtes devenu une bulle de savon ! Imaginez-vous glisser sur une planète où tout serait rond, où plus une seule surface ne serait plate, où vous, petite bulle, rebondiriez à chaque mouvement.

Laissez-vous surprendre par vos enfants qui sauront se projeter sur cette planète magique, et s'ils sont encore trop petits pour bien appréhender la forme ronde, surprenez-les et roulez vous-même ! Roulez, roulez !

Le mimétisme est formidable, profitez-en pour retomber en enfance quand vous vous laissiez rouler sur les pentes herbeuses de vos vacances.

La ronde des galipettes

Une ronde s'impose ensuite, évidemment, paume contre paume. Après quelques tours, laissez-vous tout doucement tomber par terre, sur votre tapis et installez-vous, fesses sur les talons, en **posture de l'enfant***, tête au sol, bras le long du corps, paumes vers le ciel, pour relâcher le dos et la tête. Vous devenez un petit animal qui se roule en boule, pour quelques minutes de calme…

Redressez-vous doucement et montrez à votre enfant comment, en partant de cette posture, vous pouvez poser les mains et la tête sur le sol, lever les fesses des talons, pousser sur les pieds et rouler doucement vers l'avant pour faire la galipette.

Il peut avoir du mal à laisser rouler sa tête vers l'intérieur par manque de lâcher-prise, partir en biais, retomber sur le flanc au milieu de la roulade. Rigolez, rigolez, rigolez, chatouillez son flanc et redémarrez !

Donnez-lui confiance jusqu'à ce qu'il réussisse à aller au bout de cette roulade, extrêmement bénéfique pour la prise de conscience de ses appuis comme pour l'appréhension de sa place dans l'espace. À chaque fin de mouvement, un grand bravo est de mise !

Le culbuto, on adore !

Sur le dos, attrapez vos genoux avec vos mains et montrez à Jules comment basculer d'avant en arrière en gardant bien la tête en avant, sans tension dans les cervicales. Il peut avoir du mal à remonter mais vous l'aiderez. C'est déjà très bien qu'il prenne conscience qu'il peut se laisser aller en arrière en confiance, sans regarder par-dessus son épaule.

Trucs & astuces

Faites le culbuto à deux avec votre enfant dans les bras, tendresse et tonicité à la clef !

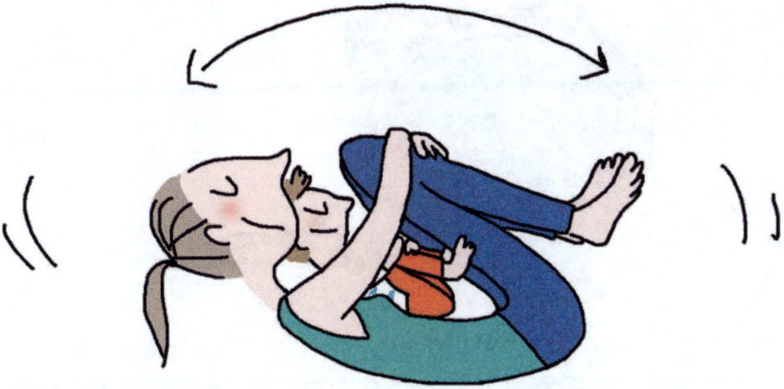

Bon à savoir

Cette posture libère les tensions et masse le dos, surtout lorsqu'elle est pratiquée en rigolant, le rire dénouant toutes les crispations potentielles.

Respiration tout en rondeur : le gros ballon

Pour calmer les postures dynamiques et se préparer à la relaxation, voici un petit jeu simple qui mène à une prise de conscience douce et tranquille de la respiration, même si les enfants aussi petits ne peuvent pas encore faire d'exercices de **pranayama*** (prana quoi ? Les exercices de respiration, un des huit membres du yoga sur lequel vous en saurez plus dans *Zen, un jeu d'enfant 6 ans-11 ans*). Montrez le bon exemple en respirant bouche fermée, votre enfant suivra, à son rythme, cette respiration :

- En inspirant, gonflez le ventre le plus possible.
- En expirant, videz-le, en collant votre nombril sur votre dos pour accentuer le creux sous les côtes flottantes.
- Mettez la main sur votre ventre puis échangez : l'enfant met la main sur votre ventre (surprenez-le en sortant beaucoup le ventre !) et mettez la vôtre sur le sien.

Trucs & astuces

Faites-lui prendre conscience de son nombril – « son petit trou dans le ventre » – et racontez-lui qu'il doit inspirer de l'air par ce trou, expirer par ce trou.
Cela l'aidera à prendre conscience de la dynamique de son abdomen.

Relaxation

Pour certaines relaxations, nous vous proposons au choix :

- De lire le texte à votre enfant avec la liberté d'y ajouter votre propre inspiration pour une relaxation plus intime et personnelle ;
- De partager ce moment de relaxation en l'écoutant main dans la main ou simplement allongés côte à côte grâce aux flashcodes[1].

1. http://media.flammarion.org/jailu/zenunjeudenfant/1.mp3

La relaxation du gros ballon

Imagine que tu es allongé sur un gros ballon, ferme les yeux si tu préfères, tu peux te détendre car tu es bien à ton aise.

Petit à petit, ton ballon s'envole très haut dans le ciel,
te portant vers les nuages. Tu t'envoles.

Tes bras, tes jambes, ta tête flottent dans l'air,
au beau milieu du ciel.
Tu vois le soleil, les nuages, la lune.
Ils te disent bonjour. Tu leur souris, tu es bien.
Puis tout doucement, ton ballon redescend,
il se pose tranquillement sur ton tapis.

Tu peux bâiller, t'étirer.

Puis tu te tournes sur le côté,
comme si tu refermais un livre.
Tu peux te redresser en douceur,
avec la belle impression de sortir d'un rêve magique.

Trucs & astuces

RÉUSSIR SA MÉDITATION

- Roulez un oreiller en boule et calez-le-lui dans le dos, allongé ;
- Versez quelques gouttes d'huile essentielle de lavande sur un mouchoir et effleurez-le délicatement sur son visage ;
- Veillez à créer autant que possible une bulle sans bruit. Fermez tout, baissez les lumières, créez un climat propre à cette mise au calme du corps et de l'esprit.
- Si vous faites la séance le soir, aidez votre enfant à imaginer qu'il est installé sur un lit nuage, tout doux et tout rond, qui s'envole dans le ciel. Cela allégera le poids de son corps sur le matelas et l'aidera à calmer son esprit pour écouter la méditation (ce lit nuage fonctionne très bien aussi pour vous, essayez !). Dès 2 ans, l'enfant prend conscience du ciel, du soleil et des nuages. La visualisation de l'envol dans le ciel est ainsi très accessible aux petits.

SÉANCE CALME

La forêt

Une séance à pratiquer le soir entre le bain et le dîner ou quand le retour au calme s'impose, à la condition que vous ayez encore vous-même un peu d'énergie... sinon dormez tout de suite !

Échauffement :
« Regarde maman, je suis un arbre »

- Visualisez votre corps comme un petit arbrisseau aux branches toutes douces. Inspirez et passez doucement la main sur un bras (montrez ou passez votre main sur le bras de Jeanne), puis sur l'autre bras.
- Inspirez et passez doucement la main sur une cuisse puis sur l'autre.
- Inspirez puis idem sur chaque mollet. L'enfant aime toujours s'imaginer en arbre, et caresser ses branches et rameaux sera un jeu de visualisation très simple pour lui.
- Montez et descendez les bras, montez une jambe puis l'autre, répétez ces mouvements 3 fois de chaque côté.
- Puis secouez vos doigts et vos pieds, comme si un gros coup de vent secouait l'arbrisseau.

Trucs & astuces

Utilisez une image qui fera bien rire Jeanne : faites-lui imaginer qu'elle « jette » ses doigts très loin, telles les feuilles de l'arbre qui s'envolent à l'automne !

Le chien tête en bas*

Quand le chien a bien couru dans la forêt, il aime s'étirer de bonheur.

- De la position à 4 pattes, tendez bras et jambes, la tête dans le prolongement du dos. Les mains sont étalées bien à plat sur le sol, les pieds écartés de la largeur des hanches.
- Une fois installé en **chien tête en bas***, aidez Jeanne à bien tendre tous les membres, en alternant une jambe tendue, une pliée, puis l'autre, pour progressivement réussir sans forcer à amener les talons vers le sol. La visualisation du chien qui s'étire va lui permettre de remonter ses fesses et ainsi de bien aligner sa tête, son dos et ses bras.
- Incitez votre enfant à appuyer sur votre dos pour bien vous étirer aussi et vérifiez que le dos est droit mais pas cambré.

Trucs & astuces

Passez votre main le long de la « montagne » que forme Jeanne, des pieds vers les mains et retour. Cela permet qu'elle reste plus longtemps dans la posture et lui donne conscience de l'étirement.

Fin de la posture

Dans un second temps, le chien fait pipi contre un arbre ! Laissez Jeanne lever doucement une jambe et amener son pied vers le ciel, comme si le chien voulait donner un coup de patte aux nuages. Puis changez de jambe.

Bon à savoir

Tous les exercices d'ouverture du corps sont faciles et très bénéfiques, particulièrement ici avec cette posture qui ouvre les hanches. Nous mettons tous trop tôt nos enfants assis sur des chaises, alors que leur assise naturelle serait celle du tailleur : leurs hanches se ferment progressivement, perdant au fil des ans la souplesse qui leur a été offerte en cadeau à la naissance. Pour limiter cela, il faut privilégier dans votre pratique toutes les postures d'ouverture du corps… et laisser le plus possible Jules et Jeanne assis par terre !

La marche de l'ours

Quand l'ours va se coucher dans la forêt, il marche très lentement vers sa grotte.

- De la posture du **chien tête en bas***, avancez en gardant les 4 membres tendus et en soulevant bras et jambe du même côté, afin d'exercer l'équilibre et la concentration de l'enfant.

Jules aura tendance à marcher à 4 pattes, c'est chouette mais ça n'est pas l'exercice. Essayez de le ramener vers le déplacement bilatéral.

- Si en chemin l'ours croise une ruche de miel, il libère un bras pour se frotter le ventre en signe de « miam-miam » gourmand puis il revient sur ses 4 pattes en position de l'ours et continue son petit chemin à travers la forêt jusqu'à l'entrée de la grotte.

Trucs & astuces

N'oubliez pas de rappeler à Jules qu'un animal qui se déplace en forêt le fait toujours sur un tapis d'herbes, de mousse et de feuilles… Il ne fait pas de bruit pour ne pas éveiller les chasseurs… son pas est donc doux et léger ! Petit à petit, on introduit la notion non explicite de contrôle du mouvement (et de respect des voisins), qui sera très utile plus tard.

L'arbre

L'arbre est la posture d'équilibre par excellence qui symbolise le yoga. Les enfants l'adorent, car elle est à la fois simple et impressionnante. Dès qu'ils la maîtrisent, ils en sont très fiers et la reproduisent à l'infini, avec une capacité assez impressionnante à la tenir longtemps !

L'équilibre n'est pas encore forcément acquis chez le tout-petit, son centre de gravité s'affirmant à partir de 4-5 ans. Ainsi, tel un petit arbre qui pousse dans la forêt, laissez Jeanne s'appuyer sur vous.

- L'arbre centenaire de la forêt qu'elle devient devra monter sa jambe droite et la poser sur sa cuisse ou son mollet gauche en fonction de son aisance (surtout jamais sur le genou, inutile de prendre de mauvaises habitudes).
- Dans un 2nd temps, toujours appuyé contre vous, faites-lui monter doucement les bras telles les branches qui se déploient vers le ciel. Vérifiez que seuls les bras montent, pas les épaules et transformez ses doigts en petits bourgeons prêts à s'ouvrir au soleil.
- La redescente de la posture est au moins aussi importante que la montée. Ne laissez pas Jeanne s'écrouler vers le sol, restez dans votre image de l'arbre et des branches qui doucement vont retomber le long du tronc une fois le coup de vent passé. Puis changez de jambe pour maintenir l'équilibre énergétique du corps.

Trucs & astuces

Pour aider votre enfant, vous pouvez lui faire visualiser un point au mur, qui peut être au choix un nid caché dans une branche d'arbre, un trou dans un tronc, une ruche accrochée à une branche... Fixer ce point l'aidera à oublier le risque de déséquilibre. Vérifiez que la jambe au sol est bien tendue et solidement ancrée dans le sol, pied bien à plat, orteils étalés.

Relaxation « secoue-secoue »

Voici un exercice tiré du **Shiatsu***, l'art japonais de la digitopression (ou point d'acupression) où vous allez stimuler doucement l'ensemble du corps de Jules.

- « Allonge-toi sur le dos, reste tout mou comme un doudou, une poupée de chiffon ou un spaghetti trop cuit. Tes bras, tes jambes, ta tête reposent bien tranquillement sur le tapis : tu mérites de te reposer, tu as bien travaillé ! »
- Mettez-vous à genoux au niveau des pieds de Jules qui va se laisser aller.
- Soulevez ses pieds serrés l'un contre l'autre à une vingtaine de centimètres du sol et secouez tout son corps depuis les pieds. Cette secousse se répercute jusqu'à la tête qui bouge doucement en accord avec le mouvement. Variez les rythmes de la secousse sans jamais forcer : rapide, lent, arrêt, lent, rapide... amusez-vous !
- Ensuite, faites « marcher » les jambes de Jules dans l'espace.
- Puis maintenant, toujours en tenant ses pieds, collés contre vous, soulevez ses jambes jusqu'à lever le bassin. Attention à votre dos si vous devez vous mettre debout, pliez bien vos genoux pour porter le poids de l'enfant. Secouez doucement tout le bas du corps de droite à gauche. Puis reposez ses jambes délicatement.

- Enjambez Jules et posez maintenant vos mains sur ses hanches. Appuyez en alternance sur une hanche puis l'autre de manière à créer un balancement délicat du bassin.
- Maintenant prenez ses mains et secouez doucement les bras de l'épaule au poignet : variez les rythmes et ne faites pas forcément la même chose à droite et à gauche. Encouragez Jules à laisser tout le poids de ses bras plein de biscotos dans vos mains.
- Reposez les bras doucement, en les espaçant du buste. En partant des épaules, faites rouler les bras comme s'il s'agissait de rouleaux à pâtisserie. Descendez vers les poignets. Recommencez plusieurs fois sur toute la longueur des bras.
- Terminez par quelques pressions des poignets et des paumes de mains, puis une tournée de bisous sur chaque main et chaque doigt et un gros câlin !

Secoue-secoue est une bonne façon de terminer une séance. **Gardez bien le contact des yeux avec Jules.** Vous pouvez le féliciter d'avoir si bien travaillé, rire d'un moment drôle qui a eu lieu pendant la séance... Bonne détente à tous...

Trucs & astuces

Si besoin, essayez entre adultes pour ressentir le lâcher-prise et ne bridez pas votre imagination.
Si Jules n'aime pas être allongé (fréquent entre 18 et 24 mois), proposez-lui de poser ses fesses sur ses talons, son front au sol, bras détendus le long des cuisses (**posture de l'enfant***).
Puis balancez doucement ses fesses de gauche à droite, dans un mouvement très naturel.
Vous pouvez ensuite le prendre dans vos bras, comme si vous étiez une coquille protectrice et vous balancer dans le culbuto.

Fin de la posture

Enfin juste après le secoue-secoue, vous pouvez clôturer par **une petite comptine** bien connue sur le thème de la forêt (*Dans la forêt un grand cerf, Dans la forêt lointaine*). Un chant qui pourra être associé à ce moment de calme pour finir d'ancrer les images de la pratique dans l'esprit de Jules et Jeanne. Leur pouvoir de visualisation est parfois plus puissant que le nôtre, à nous de le nourrir !

Bon à savoir

Dès que vous constatez que Jules ne lâche pas tout le poids de son corps (bassin, bras, jambe...), indiquez-lui que vous sentez une tension et incitez-le à lâcher prise. Très naturellement, il prendra conscience de ses tensions, d'ailleurs il pourra vous faire des « blagues » et ne pas lâcher exprès.
Si vous constatez que le relâchement n'est pas facile, faites de « secoue-secoue » un rituel. C'est vraiment important qu'un tout jeune enfant soit suffisamment en confiance pour perdre le contrôle lors d'un moment de plaisir.

SÉANCE TONIQUE

Les animaux d'Afrique

Voici une séance qui fait travailler l'imaginaire de tout le monde : vous qui inventez et brodez autour du thème, les enfants qui sont toujours prêts à tout pour partir à l'aventure !

L'échauffement du petit singe

- Dans les limites de son tapis, Jules et vous bougez dans tous les sens, sauts, fous rires, grattage d'aisselles… Plus les gestes sont libérés et décomplexés, plus ils seront drôles et permettront à tout le corps de s'échauffer !
- Puis, doigts bien écartés, accompagnez les cris et grimaces de petits mouvements de tapotage des doigts sur le crâne pour activer la circulation sanguine et stimuler le singe.
- Faites pareil ensuite sur les bras, en montant sur le bras interne, du poignet vers l'épaule, puis en descendant sur la face externe du bras, de l'épaule à la main.
- Répétez l'exercice sur les jambes et faites-le pour votre enfant s'il n'y arrive pas seul.

Bon à savoir

Cette pratique de **Do In*** permet de réveiller en douceur et de façon ludique l'énergie du corps tout en prenant conscience des sensations. Nous vous proposerons plusieurs techniques de **Do In*** dans le chapitre suivant.

L'avion

Pour partir voir des animaux en Afrique, pas d'autre choix que de prendre l'avion !

- Debout, les pieds parallèles et écartés de la largeur du bassin, le dos bien droit.
- Posez un pied devant vous, dans une petite fente et ouvrez « vos ailes » (vos bras) sur les côtés jusqu'à la hauteur des épaules.
- Petit à petit, votre pied arrière va « décoller » : si vous le sentez et que vous avez la place, faites voler les avions dans la maison ; sinon, l'avion est une très bonne posture d'équilibre qui dure autant que le vol vers la savane africaine.
- Puis atterrissez en roulé-boulé et ouvrez grand yeux et oreilles car vous voici arrivés sur une nouvelle terre pleine de surprises !

Le serpent

- Allongé sur le ventre, posez vos mains à hauteur de vos épaules et poussez doucement sur celles-ci en inspirant profondément et en levant la tête. En expirant, redescendez et amusez-vous à faire le « ssssss » du serpent.
- Répétez plusieurs fois, doucement, ce mouvement ascendant-descendant en gardant bien l'appui des mains et les hanches ancrées dans le sol, pour un travail de coordination posture/respiration amusant.

Vite, vite, le serpent file se cacher car soudain retentissent les pas dangereux de l'éléphant !

L'éléphant

Posture parfois difficile à reproduire, l'éléphant est l'occasion de ressentir le lâcher-prise du haut du corps et de la tête, menton vers le thorax, pour « donner du volume » à l'éléphant.

- Écartez bien vos jambes légèrement fléchies et penchez le buste en avant (aidez votre enfant qui peut avoir un peu de mal parfois).
- Collez un bras bien tendu sur votre nez : c'est la trompe ! Coincez l'autre bras en bas du dos : c'est la queue !
- Marchez lourdement comme un bon gros éléphant. Vous pouvez vous baisser de temps en temps pour ramasser une cacahuète avec votre trompe et la porter à votre bouche. Ce mouvement de se baisser aide Jeanne à comprendre la posture un peu voûtée qui ne lui est pas naturelle.
- Chatouillez-la en cherchant des cacahuètes sur elle ! Faites-en des tonnes, c'est le moment…

Grimace des ouistitis

Voici une pratique exubérante et libératrice ! Accroupi, imaginez grimaces et sons saugrenus en secouant les fesses, en basculant le haut du corps d'avant en arrière, en passant d'un pied sur l'autre.

La posture accroupie est difficile à tenir au début pour petite Jeanne, faites-la s'asseoir par terre et rattrapez-la juste avant que ses fesses ne touchent le sol.Les plantes de pieds ne seront pas nécessairement à plat, Jeanne peut rester en équilibre sur ses orteils en appuyant le poids de son corps sur vous. Petit à petit elle appréhendera son point d'équilibre debout, penché, accroupi.

Relaxation : la méditation marchée

Tous les animaux se rendent à la mare pour aller boire après une longue journée de soleil.

Demandez à votre enfant de choisir quel animal il a envie d'incarner. Son animal va marcher tout doucement, sans aucun bruit, vers cette mare, prenant conscience de chaque pas. Le silence absolu est impératif car les chasseurs rôdent, il ne faut pas éveiller leur attention.

Laissez votre imagination construire le décor, les bruits, les couleurs, les autres animaux qui s'approchent à pas feutrés... Un petit verre d'eau bien mérité sera la récompense une fois arrivée à la mare, puis l'animal de Jeanne s'allongera quelques secondes pour se reposer et se remettre de ses émotions de la journée.

SÉANCE TONIQUE

De la Terre à la Lune

Voici une séance composée de postures simples, qui peuvent être statiques ou mouvantes mais très dynamisantes pour le corps et l'esprit.

La fusée va décoller

Pour partir sur la Lune avec Jules, il faut prendre tout simplement… une fusée !

- Position debout, le dos et la nuque bien droits, avancez un pied pour installer une petite fente entre vos jambes et rejoignez les mains au-dessus de la tête, bras bien tendus, doigts serrés. Les mains sont « copines », elles restent collées paumes en contact.
- Le pied arrière se lève pour un équilibre de 10-15 cm, jambe tendue. Maintenez l'équilibre le plus longtemps possible pour simuler le vol de la fusée ; puis décollez vers l'avant et hop, c'est parti pour le vol ! Courez, mais n'oubliez pas de garder le menton relevé et les yeux fixés vers un point devant vous et non pas sur vos pieds, puis d'atterrir en roulé-boulé sur votre tapis.
- Changez de jambe et recommencez.

> **Bon à savoir**
>
> L'équilibre du corps impose de toujours faire les mêmes postures des deux côtés, même si vous ne tenez que quelques secondes.

En route vers le Soleil

En chemin vers la Lune, nous croisons le Soleil majestueux. Soyez grands et beaux, comme lui.

- Jambes bien écartées, pieds et orteils bien étalés sur le tapis.
- Écartez les bras comme des rayons de soleil majestueux, tendez les doigts très fort.
- Rayonnez et respirez profondément (soupirs et bâillements bienvenus !).
- Libérez bien votre thorax (vous les parents surtout) et restez ainsi le temps de quelques respirations.

Jules peut avoir du mal à être tonique jusqu'au bout des doigts, c'est encore difficile pour lui d'habiter à 100 % ce corps qui grandit si vite : faites-lui toucher vos doigts et vos bras pleins de biscotos pendant la posture, il finira par intégrer ce geste aussi.

Trucs & astuces

Dans ces postures debout où le maintien dure une ou plusieurs minutes, il est important que vous vous assuriez que votre enfant ne cambre pas le bas de son dos. Avec vos mains, essayez de ramener doucement la cambrure de son bassin vers l'avant pour qu'il s'aligne bien et prenne doucement conscience de la mobilité de son bas du dos. Cela lui sera bénéfique toute sa vie !

Le croissant de lune

L'atterrissage est imminent puisque nous voyons la Lune se profiler sous nos yeux. Imaginez-la en train de croître, on n'en voit qu'une partie : un croissant !

- En position debout, bien droit, inspirez en levant les mains vers le ciel (comme pour la fusée).
- Puis penchez-vous d'un côté en expirant et en tirant bien sur les côtes du côté étiré.
- Refaites la même demi-lune de l'autre côté.

Bon à savoir

C'est une posture simple mais qui nécessite d'être très tonique. Encore une fois, attention à ne pas cambrer votre dos et à rester aligné. Si vous amenez votre enfant à bien coordonner le mouvement avec la respiration, vous limiterez ce risque car l'inspiration incite à se grandir vers le ciel et à bien étirer le dos tout en gainant le ventre. Votre enfant prendra très vite « le pli » de travailler en accord avec la respiration si vous le faites vous-même.

La marche lunaire

Imaginez ensemble comment vous marcheriez si vous étiez sur la Lune. Est-ce que le « par terre » de la Lune est dur, mou, lisse, caillouteux ? Laissez libre cours à vos idées les plus farfelues avec Jeanne, déambulez dans la maison, montez sur les canapés à 4 pattes (si c'est sans risque) ou marchez sur le tapis, roulez-vous par terre, roulez avec votre enfant dans les bras (voir page 46 la posture du culbuto) comme vous voulez (question de temps et de concentration) mais surtout libérez-vous comme s'il n'y avait plus d'apesanteur !

Bon à savoir

Cette marche lunaire va permettre de relâcher toutes les tensions des petits muscles qui auront été sollicités dans les postures précédentes et de ramener progressivement l'esprit à un état de calme.

Reprendre contact avec la Terre... à vélo

Il faut revenir sur Terre maintenant car les réserves d'oxygène pour respirer sont bientôt épuisées. Oups, problème : les moteurs de la fusée sont cassés ! La seule solution pour revenir est de pédaler pour faire démarrer la fusée !

- Sur le dos, jambes repliées sur le ventre et mains à plat sous les fesses pour ne pas cambrer, pédalez avec Jules, soit côte à côte, soit en « tandem » en collant vos pieds aux siens... Rires et abdos sont de mise !
- Variez les rythmes : pédalez vite puis arrêtez-vous pour écouter si le moteur repart, reprenez doucement, vite,

moyen... Surprenez votre enfant ! Vous pouvez aussi le laisser guider ce pédalage quand il a pris conscience des différents rythmes.

- Lorsque les moteurs ont enfin redémarré, rapprochez vos genoux de votre poitrine et roulez doucement sur le côté droit pour venir vous asseoir en tailleur.

Relaxation « secoue-secoue »

Rien de tel que cette relaxation déjà décrite page 56 et basée sur la technique du **Shiatsu*** pour reposer un corps qui a bien travaillé.

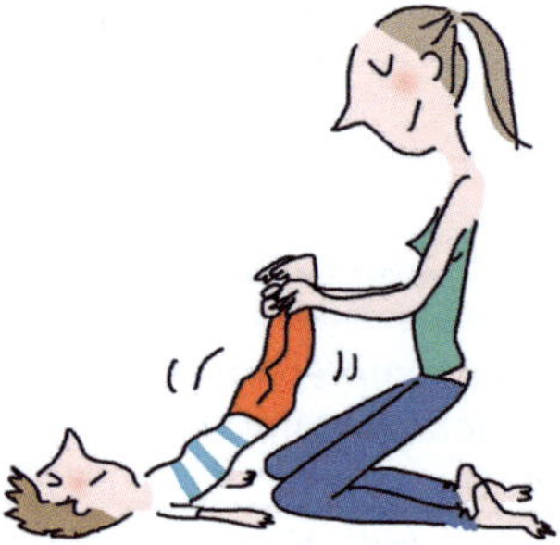

SÉANCE CALME

Pierre et le Loup

Voici l'histoire de* Pierre et le Loup*, mêlant récit et postures de yoga, dans laquelle vous allez interpréter les héros, tout comme les instruments jouent les personnages dans l'histoire originale. Vous lirez (ou vous vous inspirerez de) l'histoire à haute voix puis réaliserez ensemble les postures.

Pour les tout-petits, vous pouvez simplifier un peu l'histoire mais dès 2 ans, les enfants comprennent très bien et adorent qu'on aborde avec humour le sujet de la peur. C'est un sentiment qui les intrigue et les amuse si on le manie avec simplicité et drôlerie. Quel enfant n'a pas adoré qu'on imite le loup caché sous la couette ? Jouez le jeu à fond, mimez, faites durer le suspense, amusez-vous avec ce grand classique de la littérature pour enfant.

L'histoire commence ainsi…

Il était une fois l'histoire de Pierre et le Loup qui se passait très loin, dans la grande Russie. Pierre est un petit garçon qui vit avec son grand-père dans une ferme près d'une forêt où rôde un grand loup noir. Un matin, malgré l'interdiction de son grand-père, Pierre sort de la ferme et se dirige vers la mare où discutent ensemble un petit oiseau et un canard, sous l'œil intéressé d'un chat…

Échauffement : la marche du loup

À 4 pattes, expérimentez avec Jules et Jeanne les différentes façons d'avancer : marche lente et discrète pour approcher sa proie ou marche rapide et décidée pour faire peur…

N'oubliez pas que tout le corps participe à cet échauffement, pas uniquement les pieds.

Les rameurs sur la mare

Nous partons en barque sur la mare de la ferme du grand-père.

- Asseyez-vous face à Jules : les genoux pliés vers le haut. Vous pouvez poser vos pieds sous les siens pour le maintenir dans le mouvement.
- Tenez-vous les mains, bras tendus si possible, et imitez les gestes du rameur : penchez votre dos en arrière, ramenez vos bras vers vous, coudes ouverts vers l'extérieur, en inspirant, tirez Jules vers vous. Puis, il va plier ses bras en reculant son dos vers l'arrière, vous tendrez les vôtres en vous penchant vers lui et en expirant bien fort avec la bouche.

Bon à savoir

Cette position est un mouvement continu que l'enfant arrive assez vite à reproduire et qu'il a plaisir à faire, tout en travaillant son équilibre. Une bonne prise de mains est importante pour le mettre en confiance et éviter de crisper son dos.

L'histoire continue...

Une fois sur la mare, petit Pierre observe, amusé, les deux oiseaux qui se disputent. Le canard se moque du petit oiseau qui ne sait pas nager et le petit oiseau se moque du canard qui ne sait pas voler.

1, 2, 3 je suis un canard

- Mettez-vous accroupis puis posez vos mains à plat sur le bas du dos, les doigts tournés vers le bas (aidez Jeanne si elle a du mal à positionner ses mains correctement).
- Les coudes doivent être bien pointus, comme les ailes du canard. Secouez-les comme si vous battiez des ailes et si vous êtes à l'aise, faites quelques pas en vous dandinant accroupis. N'oubliez pas de cancaner à tue-tête pour impressionner le petit oiseau !

L'histoire côté chat...

Le chat observe aussi de son côté le canard et le petit oiseau se titiller. Il est très intéressé car il croquerait bien le petit oiseau ! Mais il n'arrive pas à l'attraper.

Le chat content, le chat pas content

- Installez-vous à 4 pattes, les jambes et les bras écartés de la largeur des hanches et des épaules, bien au carré. Les membres sont tendus et restent toujours toniques.
- En inspirant, creusez le dos en démarrant le mouvement par les reins et levez la tête vers le ciel en souriant. C'est le « chat content ». Vous pouvez miauler !
- En expirant, faites le gros dos et rentrez la tête. Grognez méchamment !

Suggérez à Jules de regarder son nombril. Au début, il peut avoir un peu de mal à lâcher prise et à rentrer la tête car il préfère regarder ce qu'il se passe autour de lui. Aidez-le d'un geste de la main en repoussant doucement son ventre pour que son dos monte vers le ciel. Une fois qu'il aura compris le mouvement, cela deviendra complètement naturel pour lui.

Bon à savoir

Cette posture tonifie sainement toute la colonne vertébrale sans risque de se faire mal et participe à la prise de conscience de la souplesse du dos. Excellent échauffement pour réveiller le dos des papas et mamans au quotidien !

Quand le loup arrive dans l'histoire…

Aïe ! Le grand loup noir est sorti de la forêt ! Très vite, tout le monde se réfugie en haut de l'arbre ! Tout le monde ? Hélas non ! Le canard n'a pas eu le temps de s'envoler et le loup n'en fait qu'une bouchée !

Petit Pierre ne se laisse pas abattre, il est courageux et malin. Il a l'idée d'attraper le loup qui tourne autour de son arbre. Il demande au petit oiseau d'attirer le loup et de l'occuper avec force cui-cui.

Pendant ce temps, petit Pierre ôte sa ceinture, la descend et attrape la queue du loup ! Il fait ensuite un gros nœud autour de l'arbre et hop, le loup est piégé, attaché à l'arbre par la ceinture de Pierre. Bravo, quel courage !

Attraper le loup avec… des rubans ! (facultatif)

Afin d'attraper le loup par la queue, Jeanne peut elle aussi imaginer utiliser une ceinture pour neutraliser le grand loup noir.

Si vous avez des rubans de type GRS (on en trouve dans les grandes enseignes de magasins de sport ou sur Internet), amusez-vous à créer des figures : serpent, orage, boucle, fouet… Vous pouvez aussi utiliser des grands tissus colorés et légers (foulards, langes de bébés…). Stimulez sens et créativité !

Veillez à rester chacun à distance les uns des autres : attention aux éventuels coups de baguette ou de tissu.

Le dénouement de l'histoire

Voilà, le loup a été attrapé grâce à Pierre mais aussi grâce à vous ! Bravo pour votre courage et votre force. Mais le grand-père, qui vient de sortir de la ferme, s'est rendu compte que Pierre lui avait désobéi en quittant la ferme malgré son interdiction : il est très, très fâché !

Le grand-père fâché (respiration)

- Debout, bien droit et étiré vers le ciel, inspirez très profondément par le nez : remplissez-vous d'air, le plus possible ! En même temps, serrez les poings, les pieds, les fesses, grimacez : vous êtes fâché, rouge jusqu'aux oreilles !
- Quand vous êtes « plein » : expirez bruyamment par la bouche et relâchez tous vos muscles.
- Refaites plusieurs fois la respiration complète, Jules adore cette posture car il apprécie de se fâcher en même temps que vous (c'est bien trop rare pour ne pas en profiter !).
- Faites allonger l'enfant pour écouter la fin de l'histoire…

L'histoire de Pierre et le Loup s'achève...

Le grand-père de Pierre a pu remarquer le courage de son petit-fils, et peu rancunier, il n'est plus fâché. Les chasseurs finalement arrivés portent le loup au zoo avec toute la petite troupe en cortège : Pierre et son grand-père, le chat qui n'a pas pu chasser et le petit oiseau. On entend même discrètement le bruit du canard qui cancane encore dans le ventre du loup.

La relaxation finale

À la fin de l'histoire, laissez votre enfant se reposer tranquillement, sans rien faire. Vous pouvez lui mettre l'histoire de Pierre et le Loup à écouter (il en existe de nombreuses versions classiques ou jazzy...) s'il a besoin de repos. Sinon profitez encore du silence et de ne rien faire...

SÉANCE CALME

Gourmandise en cuisine

Nous vous invitons à un petit voyage des sens en cuisine ! Cette séance stimule la tonicité musculaire mais de façon calme puisque vous resterez sur le tapis la plupart du temps.

Échauffement « jeu de bouche » : mâcher un peu, beaucoup, à la folie

Pour nous échauffer en douceur et réveiller notre gourmandise, échauffons-nous la bouche !

- Mâchouillez un peu, puis de plus en plus fort et de plus en plus vite, avec la bouche fermée, puis la bouche ouverte et en faisant le plus de bruit possible.
- Débordez de grimaces, profitez-en, tout est permis !
- Clignez fort des yeux.
- Respirez bruyamment par le nez et la bouche. Secouez la tête, triturez vos oreilles.
- Pour finir la détente totale des maxillaires, souriez en essayant de remonter les coins de la bouche vers les oreilles !

Le moulin à purée

Le visage est détendu, Jeanne, Jules et vous allez maintenant engager tout le corps dans la préparation d'un bon repas, en commençant bien sûr par mouliner la purée.

- Pour échauffer toutes les articulations du corps, assis jambes pliées et pieds au sol, citez une à une chaque partie du corps et tournez-la : poignets, chevilles, épaules, cou (dans tous les sens mais doucement vers l'arrière).

- Puis, assis en position de lotus ou demi-lotus en fonction de votre souplesse, placez fermement les mains sur les cuisses, doigts tournés vers l'intérieur.

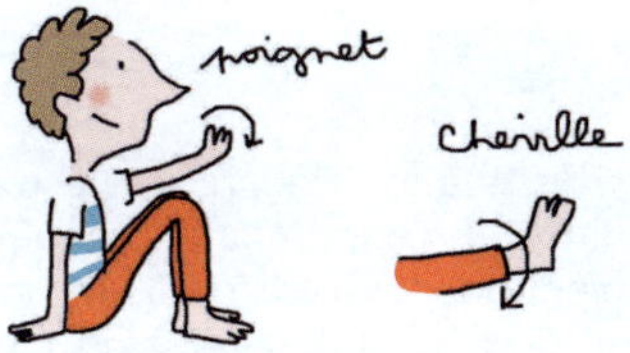

- Penchez-vous vers l'avant en prenant appui sur vos mains.
- Penchez vers la droite, vers l'arrière, vers la gauche… La soupe se mouline doucement, continuez à tourner le buste dans le sens des aiguilles d'une montre, avec de plus en plus de fluidité et de plus en plus près du sol. Inversez le sens des aiguilles et tournez dans l'autre sens avec souplesse.

Cette soupe va être délicieuse !

- Restez assis quelques instants, les yeux fermés, pour laisser au corps le temps d'assimiler cet échauffement et à la soupe de refroidir avant dégustation.

Fin de la posture

À quoi est la soupe ? Tomate ? Pomme de terre ? Nous allons maintenant y rajouter quelques ingrédients, sel, beurre et pour les gourmands un peu de gruyère râpé !

Mettez-vous debout et « moulinez » vos genoux en rotation, vos hanches, vos mollets, vos chevilles, vos pieds... On peut même remuer un peu ses orteils pour parsemer la soupe de petits croûtons ! Chaque partie du corps est un condiment rajouté et mélangé à la soupe. Quand c'est prêt, asseyez-vous : c'est l'heure de la dégustation !

Trucs & astuces

Ces mouvements de rotation échauffent le corps, si vous y mettez un ton ludique en chantonnant « moulinette à purée » (ou une autre invention de votre cru), Jeanne associera ce moment important de l'échauffement à un jeu. Apprendre à s'échauffer est primordial et c'est un bon réflexe à acquérir dès le plus jeune âge. Au début, Jeanne peut avoir du mal à **bouger certaines articulations toute seule : les chevilles**, la tête, faites-le à sa place, elle prendra ainsi conscience de toute la mobilité que lui offre son corps.

La table

Nous nous sommes régalés de la soupe mais nous avons complètement oublié de mettre la table ! Vite, réparons cet oubli avec Jeanne...

- Commencez assis, genoux pliés vers le ciel le plus près des fesses, paumes posées sur le sol derrière le dos, doigts tournés vers les fesses, dos bien droit.
- Pour déplier la table, poussez le ventre vers le haut en serrant les fesses, le cou dans le prolongement du dos. Veillez à la position des mains, des pieds : tout doit rester bien à plat et les membres tendus. Jeanne aura tendance à avoir envie de monter sur les pointes de pieds pour aller plus haut, mais faites-lui remarquer que sa table n'est plus droite et que la soupe va tomber !
- Restez quelques respirations puis détendez bras et épaules en vous rasseyant doucement, gardant toujours bien la tête dans l'axe du dos.

Les enfants affectionnent beaucoup cette posture que vous pouvez réitérer 3 fois.

Trucs & astuces

Pour les aider à tenir l'équilibre (qui est surtout une question de tonus musculaire), venez « manger » à leur table quelques instants. Jeanne va adorer être transformée en table et vous accueillir sur elle pour dîner. Puis inversez les rôles et laissez Jeanne venir déguster le dessert à votre table, succès garanti !

L'assiette

Pour faire une belle assiette, allongez-vous bien à plat sur le dos.

- Écartez les bras et les jambes, comme une étoile de mer.
- Tendez les 4 extrémités jusqu'au bout des doigts au maximum en inspirant puis lâchez la tension en expirant.
- Répétez plusieurs fois la contraction sur l'inspiration, le relâchement sur l'expiration, en gardant le ventre bien plat.

Si Jeanne a du mal à tendre à fond, rappelez-lui que plus elle écarte et tend solidement ses bras et jambes, plus l'assiette est grande et solide pour accueillir un énorme repas !

La fourchette

- Toujours allongé sur le dos, serrez maintenant les jambes et « pieds copains » : le bas du corps est devenu le manche de la fourchette.
- Bras sur le sol au-dessus de la tête pliés à 90°, mains au niveau de la tête, coudes au sol, épaules détendues loin des oreilles...

Voilà une belle fourchette à trois dents !

Détendez-vous quelques respirations... Vous allez devenir dans 1 minute un couteau.

Le couteau

- Toujours sur le dos, jambes serrées et « pieds copains », allongez les bras, « mains copines » collées bien loin au-dessus de la tête en essayant de ne pas trop monter les épaules, serrez les fesses.

C'est un couteau très coupant (très tonique) que nous avons, le corps doit être prêt à attaquer un gros morceau de pain !

- Restez quelques instants dans cette posture, puis les mains toujours copines, expirez bouche ouverte en abaissant vos bras vers le ventre, comme un couteau à pain très tranchant.
- Refaites plusieurs fois le mouvement.

Trucs & astuces

Vous pouvez tester le tranchant du couteau de Jules en mettant votre bras sur son ventre. Son couteau aura plaisir à vous couper comme une baguette de pain !

Le rouleau à pâtisserie

Et maintenant, une posture en mouvement qui va libérer tout le monde !

Pour passer au dessert, il faut un peu de place mais pas trop non plus. Si par hasard vous pratiquez en extérieur, vous allez pouvoir vous en donner à cœur joie !

Imaginez que vous préparez une pâte sablée au chocolat, au citron, à la confiture… selon le goût et les envies ! En mimant, demandez à Jeanne de casser des œufs, d'ajouter farine, sucre, une pincée de sel (inventez !), puis de malaxer la pâte avec les mains. Maintenant que vous avez une grosse boule de pâte, il va falloir « l'abaisser » comme expliqué dans les livres de cuisine. Vous avez donc besoin… d'un rouleau à pâtisserie !

- Allongé sur le ventre, pieds et mains copines.
- Roulez à gauche, roulez à droite, roulez, roulez !
- Restez bien droit, comme un bâton. Jeanne mettra bien sûr du temps à rester aussi droite que vous : elle va généralement plier tous ses membres et rouler de travers. Indiquez-lui de bien rester allongée comme un rouleau à pâtisserie mais sans trop insister car c'est un mouvement qu'elle appréciera de toute façon, parfaite préparation à la relaxation finale.

Petit plus : le *Katsugen*

Les enfants aiment tous rouler comme dans la posture décrite ci-dessus. Dehors, ils rouleront dans l'herbe encore et encore, surtout s'il y a une pente. Nous l'avons tous fait, c'est instinctif, ludique, libérateur.

Le mouvement de la roulade latérale est largement utilisé dans le *Katsugen*, également appelé « Shiatsu de l'empereur ». C'est une approche corporelle plus ou moins douce pratiquée au Japon, dans les dojos ou par des Shiatsukis. Se rouler par terre, respirer très puissamment, être roulé et manipulé, cet ensemble de mouvements agit directement sur la détente du système nerveux autonome (non contrôlé par notre volonté). Le *Katsugen* aide ainsi à réguler l'énergie, apporte un grand lâcher-prise et permet de se défaire de comportements automatiques et négatifs (dépendances, traumas…) sans passer par la parole. C'est une façon de remettre les pendules à l'heure dans le corps et l'esprit, d'appuyer sur le bouton « *reset* » en quelque sorte…

Bon à savoir

Il est toujours étonnant de constater que tous les enfants pratiquent le *Katsugen* de façon naturelle dès qu'ils en ont l'occasion. N'hésitez pas à les observer et à les imiter quand ils roulent, leur relâchement naturel doit nous servir de leçon !

Détente finale : l'éveil des sens

Après ce bon repas, nous vous invitons à faire vivre à Jeanne une relaxation des sens en lien avec les odeurs de la cuisine. Voici plusieurs possibilités, n'hésitez pas à varier et à inventer vos propres manières de stimuler ses sens car vous savez ce qu'elle aime (et n'aime pas…). Si possible, préparez ce moment un peu à l'avance pour ne pas risquer de rompre l'esprit de calme de la séance et, quels que soient les exercices d'éveil que vous choisissez d'adopter, veillez à ce que Jeanne reste assise ou allongée les yeux fermés.

- Dans de petits bols, placez différents aliments que vous vous amuserez à faire deviner à Jeanne en lui bandant les yeux si elle n'arrive pas à les garder fermés : du chocolat, du beurre, du café, des pâtes cuites ou pas... c'est très drôle à faire et cela développe l'odorat et le goût, deux sens extrêmement liés. Inversez les rôles quand l'enfant est assez grand, l'équité est toujours gratifiante.

- Déposez quelques gouttes d'huile essentielle sur un mouchoir : lavande fine, menthe poivrée, *Eucalyptus radiata*... passez le mouchoir sous le nez de l'enfant (attention : pas de contact direct avec la peau). Indiquez-lui de quelle plante vient l'odeur en la qualifiant : ça pique, c'est doux, ça fait renifler, c'est fort...
- Avec quelques instruments de cuisine, faites raisonner tout doucement des sons métalliques ou cristallins en remplacement de vos habituelles cymbales tibétaines. Veillez à ce que Jeanne garde les yeux fermés pour qu'elle puisse deviner le nom du ou des ustensiles sonores mis à contribution. Apprenez-lui à ne pas répondre trop vite pour bien écouter le son jusqu'au bout.
- Enfin, éveillez ses sens sur le chaud et le froid. Frottez vos deux mains très fort l'une contre l'autre jusqu'à créer de la chaleur dans vos paumes et passez vos mains à 1 centimètre de son visage pour lui faire ressentir la chaleur.
- Ensuite, bouche et langue en tube, soufflez-lui doucement de l'air frais sur le visage et le cou. Vous pouvez également sortir un récipient froid du frigo et le passer à quelques millimètres de son visage. Demandez-lui d'identifier ses ressentis de chaud et de froid.

À la fin de cette séance qui a éveillé les sens, ou si vous n'avez pas le temps de réaliser la détente finale, un énorme câlin « avec les grands bras et le nez dans le cou » s'impose pour finir de ressentir tous les bienfaits merveilleux de la pratique...

SÉANCE TONIQUE

Tous au cirque !

Quel plaisir d'aller au cirque avec les enfants... D'autant plus que dans cette séance, ce sont eux les stars. En avant, Jules et Jeanne, c'est parti pour le show !

L'échauffement du petit singe

Afin de bien se préparer à fouler la piste du cirque, il faut réveiller son corps. Nous avons choisi de reprendre l'échauffement du petit singe qui est très apprécié des petits et particulièrement efficace.

- Dans les limites de son tapis, chacun bouge dans tous les sens, sauts, rires, grattage d'aisselles... Plus les gestes sont libérés et décomplexés, plus ils seront drôles et permettront à tout le corps de s'échauffer !
- Puis, doigts bien écartés, accompagnez les cris et grimaces de petits mouvements de tapotage des doigts sur le crâne pour activer la circulation sanguine.
- Continuez en tapotant les bras, en montant sur l'intérieur du bras, du poignet vers l'épaule, puis en descendant sur la face externe du bras, de l'épaule à la main.
- Répétez l'exercice sur les jambes et faites-le pour Jules s'il n'y arrive pas tout seul.

Bon à savoir

Cette pratique de **Do In*** permet de réveiller en douceur et de façon ludique l'énergie du corps le long des méridiens, tout en prenant conscience des sensations. Nous l'aborderons plus en détail dans le chapitre suivant.

Le funambule

Le corps plein d'énergie, vous allez maintenant attaquer le premier numéro de piste en testant l'équilibre de Jeanne… et le vôtre !

- Utilisez la sangle de yoga – ou une longue écharpe – que vous disposez au sol en ligne droite.
- Marchez un pied devant l'autre sur le « fil » comme si vous étiez à 10 mètres au-dessus du sol. Veillez à commencer la traversée toujours du même côté, ce sera plus clair pour lui et rappelez-lui qu'un funambule ne regarde jamais ses pieds mais loin devant lui.

Trucs & astuces

Pour les enfants plus à l'aise ou expérimentés, vous pouvez **proposer des variantes : 5 pas en avant puis 5 pas en arrière,** lever le genou très haut vers le ciel à chaque pas, marcher sur les pointes de pieds, marcher sur les talons, faire des arrêts en équilibre sur une jambe les yeux fermés… L'important est de rester sur le fil, sinon la chute sera brutale !

Bon à savoir

Cette posture d'équilibre stimule la coordination des mouvements, l'alignement du corps et la concentration. Vous allez vite vous rendre compte que pour les plus petits c'est assez difficile de mettre un pied devant l'autre ! Qu'importe, refaites cet exercice autant de fois que nécessaire : les enfants l'aiment beaucoup et marcher pieds nus sur un tissu va de surcroît stimuler agréablement leurs sensations plantaires.

Le lion rugit

Voici la parade de la famille royale des lions sous le chapiteau ! Vous pouvez chanter à tue-tête ou mettre une musique d'éveil dynamique. L'enfant doit rester attentif car, comme au jeu de la statue musicale bien connu des cours de récré, l'arrêt de la musique signifie l'arrêt des enfants en statue !

- Mettez-vous à 4 pattes et marchez dans la maison (ou maintenez la limite du tapis selon l'organisation de votre maison).
- Dès que vous tapez dans vos mains, mimant le son du fouet du dompteur, Jules doit rugir comme un lion et montrer les griffes patte levée !
- Inspirez profondément puis expirez en faisant un grand « aaaaaaaah », gueule bien ouverte, langue pendante et patte levée, regard vers le ciel.
- Reprenez la parade puis recommencez les arrêts plusieurs fois pour sonoriser de beaux rugissements qui vous feront autant rire que vous défouler !

Trucs & astuces

Si vous voulez garder Jules attentif à la parade des lions (qui peut être trop excitante si on n'y prend garde), attribuez-lui le rôle de lion meneur de parade et réagissez à votre tour à ses signaux d'arrêts-rugissements.

Fin de la posture

Quand le lion est fatigué, proposez-lui de s'installer dans **la posture de l'enfant*** (assis sur les genoux, tête au sol, bras le long du corps, paumes vers le ciel, près des pieds) pour qu'il puisse se reposer avant que le spectacle continue avec d'autres surprises…

Le petit lapin du magicien

Pas de cirque sans un magicien prêt à faire sortir un lapin blanc de son chapeau… Révisez vos formules magiques, « abracadabra », « hocus pocus » et hop, sortez un enfant-lapin de votre haut-de-forme !

- Quand Jeanne est relâchée, installée dans sa posture de repos, caressez sa colonne vertébrale en récitant votre formule magique.
- Elle se redresse, le dos bien droit et reste assise, fesses sur les talons, en ramenant ses deux petites mains repliées comme des pattes de lapin devant la poitrine.
- Respirez ensuite comme un petit lapin : plissez le nez et expirez en saccadé plusieurs fois par le nez comme si vous vous mouchiez. Montrez à Jeanne ce que fait un lapin avec son nez pour qu'elle puisse vous imiter. Elle peut, au début, s'aider en touchant son nez, cette respiration vient assez vite quand vous la montrez bien.
- Renouvelez plusieurs fois l'apparition du lapin et sa respiration et laissez Jeanne vous transformer à son tour en petit lapin.

Le phoque venu du Nord

Voici une posture d'équilibre assez drôle à effectuer. Si Jules ne sait pas encore ce qu'est un phoque, c'est le moment de lui montrer…

- Mettez-vous sur les genoux, dos redressé et orteils retroussés.
- Pliez vos coudes en gardant les bras bien collés aux côtes.
- Applaudissez sans décoller vos bras, et surtout imitez le cri du phoque : le bêlement !… Si, si, on a vérifié, le phoque bêle.
- Quand vous êtes bien installé dans la posture, décollez les pieds et les tibias du sol.
- Restez en équilibre sur les genoux quelques instants, applaudissez, bêlez puis revenez à la position initiale.
- Refaites la posture 3 fois.

Bon à savoir

Cette posture, certes peu académique, a de nombreuses vertus, en particulier celle de tonifier le dos et de faire ressentir par lui-même à Jules son point de bascule et comment le maîtriser.

Les plus petits n'arriveront pas spontanément à bien tenir en équilibre, aidez-les déjà à se tenir bien droit dans la posture de départ (ventre tendu, cou bien droit vers le ciel, bras collés aux flancs). Vous pouvez soulever leurs pieds pour indiquer l'équilibre à tenir. Plus ils pratiqueront, mieux ils tiendront et apprendront à garder le dos droit pour trouver un meilleur équilibre. C'est bien sûr dans la répétition que vous allez pouvoir constater les rapides progrès de vos bambins (et c'est gratifiant, quoi qu'on en dise).

Clown caché ou vrai âne ?

Quel qu'il soit, il rue !

- De la posture précédente, passez à 4 pattes (comme pour la posture du chat).
- Vos bras, votre dos et vos jambes doivent former un beau carré.
- En appui sur les orteils, montez vos fesses vers le ciel en répartissant bien le poids du corps entre l'avant et l'arrière : ne mettez pas tout le poids vers l'avant du corps, vous risquez de vous faire mal aux poignets et Jules de tomber en avant !
- Puis fléchissez les bras et les jambes et levez une jambe, puis l'autre, paumes bien ancrées dans le sol et plante du pied levé vers le ciel.
- Quand vous êtes confortable, lancez-vous et ruez des deux pieds en même temps comme si vous cherchiez à donner des coups de pied au mur de derrière. C'est un âne coquin qui foule la piste du cirque !
- Entre chaque ruade, reprenez bien le contact avec le sol et expirez.
- Après 4 ou 5 ruades, pieds au sol, pliez les genoux et réinstallez-vous tranquillement dans la **posture de l'enfant***.
- Terminez par la relaxation « secoue-secoue » page 56.

Trucs & astuces

Pour vous, parent, pensez à bien serrer vos abdominaux et votre périnée pour que les pieds montent facilement sans solliciter votre dos. Puis pour aider Jules afin qu'il se sente en confiance, tenez-le par la taille quand il rue et progressivement éloignez vos bras quand vous sentez qu'il a trouvé son équilibre.

Hi HAN
Hi HAN

Chapitre 2

ENFANTS DE 3 À 6 ANS

L'OUVERTURE ET LE RESPECT PAR LE YOGA

“

L'enfant de 3 à 6 ans commence à s'ouvrir pleinement au monde, avec curiosité, enthousiasme et parfois appréhension naturelle. Il va à l'école, a des amis, dort dans la famille, de temps en temps chez des copains… ***Les interactions sociales sont nombreuses,*** *mais les raisons de divers désordres commencent à naître : troubles de l'attention, hyperactivité, jalousie, refus de prêter, stress de l'abandon ou gêne du regard de l'autre, prise de conscience de l'existence de son alter ego…*

En guise d'introduction

Les séances proposées à Jules et Jeanne vont aider à développer une plus grande ouverture du corps et de l'esprit, mais aussi le **respect de soi et des autres.** L'enfant apprendra à mieux se connaître et à mieux se connecter au monde sans aucune idée de challenge ou de compétition mais dans un **esprit de compassion et d'empathie.** Si ces termes ne peuvent évidemment pas être abordés « frontalement » du fait de leur niveau d'abstraction, nos trucs & astuces vont vous aider à infiltrer, de manière subliminale, l'idée que l'Autre a autant de valeur et d'importance que le Soi.

La respiration

Jules et Jeanne seront également amenés à comprendre **l'équilibre agréable** qui se fait entre tonus et calme en alternant les postures dynamiques et immobiles. Celles-ci vont se complexifier progressivement et nous pourrons rajouter petit à petit un des éléments fondateurs du yoga : **la respiration.**

Les enfants vont être amenés à travailler en harmonie avec le souffle et apprendront peu à peu à respirer par le nez tout en gardant la bouche fermée (la maturité respiratoire et la déglutition sont des acquis physiques qui surviennent vers 5-6 ans). Cette nouvelle approche de la maîtrise du souffle va leur permettre de **stabiliser leur énergie** et créer une sensation de sécurité et de paix dans leur corps. La maîtrise du souffle est en effet un facteur majeur de la maîtrise des impulsions (colère, sentiments négatifs, énergie explosive...).

Les difficultés de concentration

Entre 3 et 6 ans, si Jeanne reste plus facilement assise devant une feuille à dessin, au restaurant, dans le train ou en classe, ébauchant ces premières fleurs et ses premières princesses colorées, Jules lui est immanquablement debout ou à 4 pattes cabotinant sous les tables, comme si son corps n'était pas adapté à la position assise, et ce quel que soit le ton employé pour le supplier ou le menacer de « se calmer » et de rester « concentré ».

Il est important de prendre conscience que ce que nous leur demandons est TRÈS DIFFICILE.

Le cerveau de l'enfant – comme le nôtre d'ailleurs ! – est en réaction constante à tout ce qui l'entoure, essayant de comprendre et d'assimiler les innombrables stimuli extérieurs. Il crée un monde imaginaire qui l'aide à associer ces stimuli à ses propres connaissances.

Prêter attention c'est réussir à filtrer une multitude d'informations sensorielles, réflexions, sentiments, souvenirs, donc développer une capacité – en cours de construction – qui requiert de la maturité.

Nous y reviendrons en détail, mais rassurez-vous : votre enfant, qu'il soit Jules ou Jeanne, réussira à se concentrer sans effort – ni pour vous ni pour lui. Nos séances aident à la détente corporelle, libèrent la respiration et la pensée : comme vous le verrez au fil des pages, cet esprit de bien-être global permettra à Jules et à Jeanne d'acquérir les apprentissages avec plus de sérénité et une concentration facilitée et spontanée. C'est ce que Liz Lark, professeure de yoga et notamment de yoga pour les enfants, appelle « **l'attention sans tension** ».

La méditation

Les enfants peuvent aborder progressivement avec vous la méditation, ou plutôt un état particulier de méditation : **la pleine conscience*.** C'est une qualité que nous avons tous en nous. Qui n'a pas été pleinement pris devant un beau paysage, devant un jeu de construction, en écoutant une musique ?

Présentée sous un aspect ludique et sensoriel, pas à pas, la **relaxation méditative** en tant que telle va devenir un jeu, un besoin, une ressource. Elle aide à réduire le stress des adultes mais aussi celui des enfants, à mettre à distance, à s'extraire du tumulte. Pratiquer en famille ne peut qu'être bénéfique.

Dans les milieux urbains notamment, les enfants sont exposés en quasi-permanence à des lumières vives, à des bruits de fond résonnants ou des sonorités soudaines comme les sonneries des téléphones portables, à des situations impromptues qui mettent leur système nerveux sous tension, d'où leur attrait immodéré dès 3 ans pour le calme prodigué par les écrans aux dessins animés rassurants. **Leur besoin d'une atmosphère sereine est immense pour retrouver sécurité et stabilité émotionnelle.** Ces pratiques méditatives ou relaxantes seront donc un atout formidable pour vous aider à leur apprendre à se créer leur propre zone de calme et de réassurance.

TOPO SUR L'ÉVOLUTION DE L'ENFANT DE 3 À 6 ANS

“

*Quelle que soit votre grille de lecture
et d'interprétation des éléments
qui vont suivre, souvenez-vous simplement que
chaque enfant évolue à son rythme
et que* ***vous êtes le meilleur parent
qui soit pour l'accompagner.***

État des lieux

Globalement, votre enfant a acquis énormément de connaissances et de capacités entre 18 mois et 3 ans. Pendant les 3 années qui suivent, son champ d'apprentissage va considérablement s'agrandir avec l'entrée à l'école. Ses besoins d'accompagnement se simplifient, votre vie aussi, mais il est plus important que jamais de continuer à l'entourer de sentiments positifs et joyeux : confiance, amour, échange et écoute pure... qui l'aideront petit à petit à s'ouvrir au monde, à lui-même et aux autres. Grâce à son langage en perpétuel progrès, grâce à votre écoute active à la valeur inestimable, l'enfant réussira de mieux en mieux à exprimer ses sentiments, à reconnaître et nommer ses états émotionnels, à se solidifier face à ses propres pulsions.

Petit rappel sur les différents cerveaux

Notre cerveau collabore avec tout notre corps pour coordonner un processus d'équilibrage fin entre pensées, émotions, actions, réflexes... La connaissance de ce qui se passe dans le corps et le cerveau de votre enfant vous aidera donc à mieux comprendre ses besoins pour s'équilibrer, s'ouvrir, se canaliser et exercer ses capacités créatives, physiques et sociales.

Sachez cependant que le cerveau de votre enfant est unique et multiple à la fois. « **Comme le corps ou un instrument de musique, le cerveau doit être accordé pour**

que l'enfant soit concentré, équilibré, avide de savoir et ne se laisse pas distraire. » (*Yoga pour les enfants*, Liz Lark)

Le cerveau protecteur

Il se développe en premier, et comprend le cerveau reptilien – également appelé primitif – et le cerveau limbique.

Le **cerveau reptilien** responsable des émotions et fonctions physiologiques est quasiment développé avant la naissance.

Le **cerveau limbique** qui se développe dans les premiers mois et années est le siège des émotions fortes, c'est celui qui va être le plus sensible aux effets des exercices proposés dans ce guide. Dominant, il est celui qui fait agir l'enfant sous le coup de l'impulsion, d'une colère, d'une peur ou d'un caprice. Cette partie du cerveau joue aussi le rôle du protecteur, créant des réflexes de préservation très tôt chez l'enfant, ordonnant par exemple au corps de se mettre en alerte en cas de danger.

Le cerveau de la réflexion, ou cortex préfrontal

Il est l'opposé du cerveau limbique. Il se développe vers l'âge de l'entrée à l'école et permet de créer un filtre des émotions et expériences pour assimiler celles-ci et en tirer un comportement plus rationnel et raisonnable. On observe d'ailleurs son développement à l'âge où l'enfant commence à réfléchir et à opter pour des voies « manipulatrices » plutôt que capricieuses, ce qui nous laisse souvent pantois devant tant d'agilité de l'esprit ! Ce cortex préfrontal atteint son stade de développement ultime vers 20 ans.

Notre meilleur conseil : **sachez créer un environnement propice au développement harmonieux de ce cerveau de la réflexion,** un environnement sécurisé et calme au sein duquel il évoluera sans avoir à se sentir en permanence déchiré entre ses tentations, ses émotions et ses pulsions rationnelles.

Motricité, vers un bel équilibre

Entre 3 et 4 ans, votre enfant a acquis une grande stabilité qui lui permet de sauter de différentes manières, tenir en équilibre, jouer au ballon, marcher à reculons ou sur une ligne droite, descendre les escaliers, profiter des nombreuses aventures proposées par les infrastructures des aires de jeux extérieures. Autant de libertés qui font qu'il peut très bien ne pas savoir tenir en place ! Les séances de yoga seront alors idéales car elles lui apprendront à être calme à certains moments, sans avoir besoin d'ordonner le calme… Pratique !

Ses mains sont de plus en plus habiles et gribouillent de mieux en mieux. Vous assisterez à ses premiers « dessins ». Qui n'a pas fondu de fierté devant le premier Monsieur Patate de son bambin ?

Entre 4 et 5 ans, Jules est SPEED… mais il a vraiment besoin de se dépenser physiquement ! C'est le moment où l'on passe beaucoup de temps dehors pour que l'enfant ait son comptant de dépense d'énergie. Il est prêt à faire de longues promenades et se régalera de nos séances de yoga toniques parfaitement adaptées à son surplus d'énergie.

Sa motricité s'affine : il découpe droit, peut écrire son prénom en majuscules, reconnaît certaines lettres de l'alphabet et dessine presque de vrais bonshommes.

Entre 5 et 6 ans, votre enfant atteint un équilibre psychique mais aussi physique. Il tient facilement les équilibres, ce qui vous réjouira lors de vos séances de yoga ! Sa coordination est toujours en progrès : il peut commencer à faire du vélo « de grand », il saute dans tous les sens, il escalade.

À l'école, on remarque une plus grande dextérité, il dessine plus précisément et, enfin « latéralisé », il a choisi « sa » main de prédilection.

Personnalité, derniers remous avant l'âge de raison

La présence parentale indispensable

L'enfant est encore très autocentré, peu partageur et jaloux des autres, surtout des petits frères et sœurs… Il est partagé entre le désir d'être au centre, de plaire à papa, maman, à la maîtresse et le désir de vivre des moments d'échange et de « fun » avec ses copains. Une dualité source de tensions intérieures que l'enfant va difficilement dominer. À ce titre, grandir peut aussi faire peur… Encore une fois, outre le soutien des « copines dans le même bain », patience, écoute, confiance et fermeté aideront à passer ce cap !

Si Jeanne est plus autonome, elle réclame néanmoins beaucoup d'attention de votre part. Les limites sont ici importantes et c'est à VOUS de fixer ce qui est acceptable. Soyez clair avec elle en lui expliquant qu'à certains moments elle doit attendre et qu'à d'autres vous serez « tout à elle ». **Accordez-lui des moments d'attention et d'écoute de qualité chaque jour : les séances de yoga seront vos alliées dans ces instants où vous serez ensemble, sans rien faire d'autre que partager…**

Bon à savoir

N'oubliez pas que c'est dans le quotidien, simple et répétitif, que se livreront les petits secrets, doutes, ou anecdotes de la journée, qu'il faut veiller à prendre au sérieux… Ce temps passé à écouter et partager donnera confiance à l'enfant et lui évitera d'avoir recours à d'autres « signes » qui vous obligeraient à passer du temps auprès de lui mais pas forcément dans le calme… : refus de manger, bêtises à répétition, petits bobos et rhumes à soigner tout le temps… Sachez profiter au mieux de ce temps « béni ».

L'affection

De même, votre enfant a encore un très fort besoin d'affection et de preuves d'amour sécurisantes. Le sentiment de sécurité est la force intérieure qu'un enfant développe lorsque son environnement familial lui a construit une base affective stable et solide. Jeanne Siaud-Facchin, psychologue clinicienne et psychothérapeute, rappelle la théorie du psychiatre britannique John Bowlby dans les années 1950, qui a décrit l'attachement « secure », selon le terme anglais, permettant à l'enfant de se séparer pour aller découvrir le vaste monde tout en se sentant en sécurité affective : « L'attachement secure se définit par la stabilité, la cohérence, la consistance de la présence de la personne qui veille sur l'enfant. L'enfant sait comment et quand il peut compter sur cette personne. Il sait qu'elle sera là lorsqu'il en aura besoin. Toujours là. Affectivement là, pas nécessairement par sa présence physique. C'est précisément cela, et au sens propre, l'amour bienveillant. Indéfectible. »

Les moments partagés lors de séances de yoga combinent le besoin d'attention et d'affection de façon complètement naturelle.

Le respect

Avec l'affection, le respect a aussi une part importante dans les moments que vous allez vivre ensemble : respect de son corps, de sa vie, de ses avis et pensées, respect de ses amours (oui l'enfant est amoureux, bien sûr !), de ses amitiés. Encore une fois, si vous montrez l'exemple du respect envers lui et envers les autres, l'enfant apprendra bien mieux qu'avec des leçons de morale. Nous y reviendrons dans les séances.

Le mensonge

Entre 4 et 5 ans, l'énergie intellectuelle est au même niveau que l'énergie physique : inventions à la pelle, idées en pagaille, mélange entre réel et imagination... Il peut se mettre à mentir plus ou moins consciemment mais toujours avec grande conviction. À vous de trouver la meilleure façon de réagir selon la nature des mensonges ou arrangements verbaux.

“ Un jour dans la vraie vie

En dernière année de maternelle, Jules a eu la bonne idée d'inviter en mars ses copains de classe pour un week-end à Eurodisney à l'occasion de son anniversaire... en novembre ! Avec tant de conviction que les mamans m'ont remerciée chaleureusement avant de commencer la chasse au cadeau d'anniversaire !

Le vol

Enfin, l'enfant peut également « emprunter » c'est-à-dire voler ! Encore une fois, il n'est pas tout à fait conscient que ce n'est pas bien, il voit un objet qui lui fait envie, il le prend sans trop se poser de questions... À vous de savoir pourquoi il vole (surtout si c'est un acte répété), ce qu'il cherche à compenser, à dire. Il s'agit aussi « d'appliquer la loi » et de l'expliquer en termes clairs à l'enfant. Accompagnez-le pour qu'il rende l'objet à la victime, sans transformer ce « retour au propriétaire » en acte humiliant mais plutôt en le présentant sous un angle amical et complice car, finalement, quel enfant n'a pas considéré qu'un jouet qui lui plaisait devenait *de facto* le sien ?

Montrez l'exemple !

Ici interviennent la morale et les valeurs qui vous sont propres et que vous souhaitez inculquer à votre enfant : s'il perçoit qu'il est plus dans son intérêt de mentir ou si vous mentez sciemment vous aussi devant lui (ou à lui), exiger de votre enfant qu'il dise la vérité sera difficile.

Si vos règles sont justes, bien énoncées et en accord avec vos convictions (rabâchées des dizaines de milliers de fois, nous sommes tous les mêmes !), un enfant les acceptera toujours. Nos enfants apprennent bien plus par l'exemple que par les seules paroles... « L'un des outils de transformation personnelle les plus puissants, outre les messages et les valeurs que l'on reçoit au travers d'un enseignement, c'est la valeur de l'exemplarité, ce qu'on appelle en psychologie "l'apprentissage par imitation de modèles" » (*Trois amis en quête de sagesse*, Christophe André)

Gérer la frustration

Dans un article de *Psychologie positive*, la psychothérapeute Isabelle Filliozat souligne à quel point il est utile d'apprendre dès le plus jeune âge à supporter la frustration, quand bien même certains enfants « disjonctent » littéralement face à l'opposition d'un NON.

Première info : le cerveau de l'enfant de moins de 4 ans ne lui permet pas encore de résister à la tentation !

Deuxième info : le stress joue un rôle déterminant... Quand un parent a la colère ou la critique facile, l'enfant résiste moins ; alors que l'enfant content et bien dans sa tête résiste 4 fois plus à la tentation.

Ainsi « un attachement solide et une bonne confiance en son parent augmentent les capacités à résister », selon Isabelle Filliozat.

Exigeants « pour la bonne cause », nous demandons trop souvent à nos enfants de supporter la frustration sans penser à leur apprendre comment faire. Pourquoi ne pas **leur faire partager nos propres trucs,** nous qui sommes au quotidien soumis à des jeux de frustrations émotionnelles ou matérielles face auxquelles nous avons développé des astuces intérieures pour bien vivre avec ? « L'amour, la tendresse et l'enseignement de stratégies, ce sont les clefs ! »

La personnalité des 5 et 6 ans

L'enfant s'approche doucement de « l'âge de raison ». Il est plus calme, patient, attentif, responsable, curieux, plus facile et passe doucement, en conscience, dans le monde des grands.

La loi parentale ne génère plus de « non » automatique car il semble désormais apte à juger du bien-fondé du cadre éducationnel et est le premier à se réjouir de pouvoir prendre en faute à son tour ses propres parents !

Jules et Jeanne rentreront bientôt en CP, « la grande école ». C'est un passage que vous pouvez préparer sereinement et joyeusement... vive le yoga !

Sociabilité, ouverture au monde et aux autres

De 3 à 4 ans

Jules apprécie toujours sa routine mais il aime aussi les « sauts » hors du quotidien tant que le cadre est rassurant. Les enfants savent s'adapter, souvent bien plus que nous ne le pensons et bien plus que nous. Ils aiment les choses simples, la promesse d'une nuit sous la tente ou à la belle étoile les fera rêver. Visiter, ou aller faire des courses, en le laissant décider du chemin sont des façons de le rendre autonome et de le laisser guider un peu.

De 4 à 5 ans

Il devient moins intéressé par le fait de plaire, d'obéir, il reste très autocentré et commence à s'intéresser à son corps, à l'intimité de ses parents, au « comment on fait les bébés ».

L'amitié devient très importante, source de beaucoup de disputes et de luttes de pouvoir. Jeanne et Jules se jalousent, se tapent, se comparent et font montre de sentiments négatifs.

Accepter le fait que vos enfants n'ont pas demandé à partager votre amour aide à voir les choses avec un peu plus de recul. Exigez en priorité de vos enfants qu'ils se respectent, mais ne les obligez pas à se dire qu'ils s'aiment, cela décomplexera beaucoup leurs sentiments et ressentiments.

Entre 5 et 6 ans

L'enfant met encore ses parents au-dessus de tout et commence à se rendre compte des différences entre les adultes : entre papa et maman, entre ses grands-parents, entre les adultes à l'école… S'il vit dans un environnement de confiance et de paix, il fera une richesse de ces différences, alimentées par ses inlassables questions et son fort imaginaire. Il a peu à peu acquis les règles de vie de la maison, de l'école qui sont certes contraignantes, mais aussi très rassurantes. Il intègre un certain sens moral, le vôtre.

Il fait preuve de plus d'empathie et de recul vis-à-vis des autres enfants. Il sait également coopérer et agir intelligemment pour se faire des amis et les garder.

Vous vous réveillez sans doute un matin en réalisant que ça y est, le caractère de votre enfant est dessiné ! Il n'est pas forcément comme vous à son âge ni comme son autre parent, il est comme il est. Il vient de vous, mais ne plaquez pas toute votre vie sur lui ! Il est un être à part entière, ni parfait ni mauvais. Profitez des séances de yoga pour l'observer, le comprendre, le mettre en avant, lui donner confiance.

Sommeil, vers la simplicité

La routine du coucher

Nous avons déjà évoqué les peurs nocturnes, sachez que votre enfant de 3 ou 4 ans est encore en plein dedans. Accordez-lui de conserver ses petites habitudes rassurantes : doudous, lumière dans le couloir, veilleuse, porte ouverte… Le bon sens veut que vous rassuriez votre enfant sur ces peurs ou ses angoisses, que vous passiez avec lui le temps dont il a besoin le soir, dans la limite du raisonnable. La routine du coucher (voir le chapitre 1) sera encore et toujours votre alliée. N'hésitez pas à intégrer une des séances de yoga calme après le bain, une petite relaxation ou quelques postures dans le rituel du coucher.

Chaque enfant a des besoins de sommeil différents, qui vont évoluer, mais une seule règle : gardez un rythme régulier, surtout en période scolaire.

Les cauchemars

Après 5 ans, l'enfant dort bien en général. Sa vie est bien « posée », il relativise plus facilement, ses angoisses s'estompent. Les cauchemars peuvent toujours se produire : c'est aussi une façon d'évacuer les événements dérangeants de la journée, les peurs, les culpabilités... Le matin, vous pouvez en reparler, raconter vos propres rêves, cela peut devenir une habitude complice qui va petit à petit mettre à jour certaines zones de vos inconscients respectifs. N'oubliez pas que, s'il faut savoir garder la bonne distance, votre enfant adore que vous lui parliez de vous ! De vos propres peurs, interrogations, rêves ou souvenirs. Parlez, parlez, parlez !

Bien gérer le sommeil

Dans tous les cas et à tout âge, ne laissez pas les problèmes de sommeil parasiter votre vie de famille : créez une routine bien établie, instaurez du calme, de la relaxation le soir. N'hésitez pas à consulter un spécialiste si vous vous sentez inquiet ou débordé car une fatigue chronique qui prend le dessus sur une famille entière va vite s'imposer comme une gangrène au travail, dans le couple et dans votre relation avec vos petits. Autorisez-vous aussi un moment de pratique de yoga en solo « *restorative* » (comme le **Yin Yoga*** ou le **Yoga Nidra***), qui va relâcher vos tissus profonds et tous vos points de tensions psychiques et corporels. Si vous êtes détendu en profondeur, vous gérerez mille fois mieux ces périodes compliquées que nous avons tous traversées !

Nourriture, comme les grands… et tout bio s'il vous plaît !

Jeanne se sert et mange toute seule maintenant, et sait parfaitement de quoi elle a envie (des pâtes !). Si la découverte de nouveaux goûts ne l'intéresse pas, dites-vous que tant qu'elle mange équilibré et que sa courbe de croissance est normale, inutile de s'inquiéter. Si manger est un plaisir pour tout le monde, votre enfant n'envisage peut-être pas le plaisir tout à fait comme vous. Il a aussi l'âge de l'exprimer.

Trucs & astuces

Rendez les assiettes ludiques et colorées et variez ce qu'il aime. Si seules les pâtes génèrent son adhésion totale, variez-les ! Pâtes fusilli au petit épeautre, coquillettes au sarrasin, penne au blé complet… Profitez aussi des sauces pour lui faire découvrir quelques saveurs douces originales, sans oublier de les identifier et d'y associer les ingrédients concernés.

Bio bio bio…

Notre cri du cœur de mamans : rappelez-vous que chaque jour, dans les repas d'un enfant, on trouve jusqu'à 81 substances chimiques nocives ! À l'heure où notre alimentation devient de plus en plus toxique, on se dit qu'il y a de bonnes raisons de privilégier le bio encore et toujours… En effet, aujourd'hui, manger équilibré ne garantit pas pour autant de manger sain.

La solution ? Bio ! Local ! De saison !

Cela n'a que du bon ! Dans la mesure où les pesticides et autres produits phytosanitaires y sont interdits, la culture bio permet de limiter considérablement le nombre de résidus chimiques qui s'accumulent dans notre organisme.

Côté teneur en nutriments, vitamines et sels minéraux, les études varient mais l'Organisation mondiale de la santé a néanmoins reconnu que les produits bio en contiennent plus. Notre principale recommandation : favorisez les fruits et légumes non traités qui renferment moins d'eau et plus de matière sèche à poids égal et qui donc sont plus concentrés en minéraux. Comme la plupart du temps ils sont récoltés à maturité, leur teneur en vitamine C et antioxydants est supérieure.

Comment passer au bio ?

Comme toute transition majeure des habitudes de consommation, le passage au bio n'est pas simple dans tous les foyers. Résistance interne « ça ne sert à rien c'est du marketing », problème d'équilibre financier du panier moyen, suspicion de green washing et incrédulité face aux multiples labels... Le bio n'est pas de tout repos, mais à long terme il n'y a pas de doute à avoir : la balance penche sans hésitation en sa faveur, surtout si vous restez attentif à tous les gestes écolos qui s'inscrivent en cohérence avec le respect des ressources de la planète prôné par le « bio » : emballages réduits au minimum, recyclage privilégié... D'ailleurs triez vos déchets, vous verrez que les enfants adorent ça et apprennent très vite le tri sélectif !

Des exemples d'initiatives civiles

De nombreuses expériences émergent au quotidien pour promouvoir et accompagner cette transition, comme celles du mouvement Colibri favorisant la permaculture sous l'impulsion de Pierre Rabhi. Curieuses, nous avons eu la chance de rencontrer Marc Veyrat dont la Fondation lutte contre la malbouffe des enfants : « Sommes-nous devenus fous ? Préservons nos enfants puisqu'on les aime ! » Son combat au quotidien : **la promotion d'une alimentation saine, reposant sur des produits naturels, biologiques, de terroir et de saison, mais aussi la sensibilisation de toutes les générations à la préservation et au respect de la terre dont dépend la qualité de la production agricole...** On valide et on adore !

Langage, un développement toujours plus riche

« L'explosion lexicale » dont parle Aldo Naouri est toujours en marche : votre enfant continue à engranger beaucoup de vocabulaire. N'hésitez pas à utiliser vous-même un vocabulaire précis, même compliqué : les enfants sont d'une telle curiosité que vous pourrez leur apprendre des mots complexes. C'est l'heure de la découverte du génial « anticonstitutionnellement » !

La lecture

Nous avons déjà parlé de l'importance et du plaisir partagé de la lecture dès le plus jeune âge du bébé. Pour donner le goût de la lecture aux enfants, lisez encore et toujours : pour eux, à côté d'eux, devant eux... Tout se joue maintenant ! Laissez traîner vos livres, abonnez-les à des magazines, parlez de vos lectures préférées à leur âge ou même mieux, essayer de dégoter vos vieux Bibliothèque Rose que vous aurez un plaisir fou à retrouver ! Ce temps passé à lire est le meilleur « investissement » pour leur avenir scolaire, en plus du bonheur et de la tendresse immenses qu'il procure.

Les « pourquoi » métaphysiques

À partir de 5 ans, vous allez découvrir que Jules et Jeanne sont faits pour la philosophie... métaphysique ! « Pourquoi doit-on mourir ? Est-ce que tu vas mourir toi aussi ? Est-ce que le Père Noël existe ? Si papy est monté au ciel, il a retrouvé le Père Noël ? Pourquoi j'ai un zizi qui pend et pas toi ? Pourquoi la dame elle est grosse ? » Voilà un petit florilège de questions plus ou moins embarrassantes qui mêlent poétiquement notions abstraites (pour vous mais pas pour eux) et concrètes.

Ces discussions parfois ésotériques sont des moments très riches : prenez le temps de formuler clairement votre pensée, ne mentez pas, dites quand vous ne savez pas, demandez son propre avis à votre enfant... Incitez-le à développer son propre jugement ! Vous pouvez même **parler de la mort** si votre enfant vous pose des questions : la mort est présente et fait partie de la vie de vos enfants, même si on aimerait leur éviter d'avoir à l'affronter.

Conseil

Être dans le respect de l'enfant, c'est être dans la vérité.

Ne vivez pas dans le déni : nos enfants ne grandissent plus dans le monde merveilleux de Oui-Oui et la cour d'école les confronte très tôt – à notre insu – au monde réel. Alors, dites la vérité, le plus sincèrement et simplement possible. N'hésitez pas à confronter vos propres sentiments de tristesse ou de doute aux leurs car le partage sera plus rassurant et apaisant face à la souffrance que des pleurs mal dissimulés sous des yeux rougis.

Tant que vous rassurez l'enfant sur le fait qu'il ne sera jamais abandonné, il peut entendre beaucoup plus de choses que vous ne l'imaginez.

Jeux, toujours une place primordiale dans le développement

Tout ce qui roule

Entre 3 et 4 ans, tout ce qui roule attire les enfants : vélo, draisienne, trottinette, ballons, petites voitures, trains qu'ils regardent passer pendant des heures…

> **Un jour dans la vraie vie**
>
> Aller voir passer les trains a été très longtemps pour mon fils un moyen de « tout calmer » : colères, oppositions…

L'eau

L'eau est un autre élément fondamental dans son développement : il ne veut plus sortir du bain, il adore sauter dans les flaques, papouiller dans le sable mouillé, « nager » à la piscine…

L'imaginaire

L'imaginaire tient toujours une place prépondérante – d'ailleurs votre enfant vous parlera sans doute avec conviction de ses nouveaux amis… imaginaires !

Les jeux de cartes

Vous pouvez leur apprendre à jouer aux cartes : d'abord des jeux simples (la bataille, le pouilleux, le menteur…) puis des jeux de plus en plus complexes. Le jeu de cartes est idéal à bien des niveaux : apprentissage des formes, des chiffres, des couleurs… mais aussi patience, motricité, stratégie et partage !

La créativité

Entre 4 et 5 ans, la phase créative est à son apogée ! On ne peut plus arrêter l'enfant de dessiner, peindre, modeler… Laissez-lui toujours de quoi s'exprimer, y compris pendant la lecture du soir mais aussi quand il regarde un film, au restaurant…

Les expérimentations

Leur âge permet aussi de nombreuses expérimentations en cuisine, en balade, au jardin, au planétarium, au musée… Nous savons à quel point ces activités peuvent être chronophages voire impossibles à organiser pour certains parents, surtout de familles nombreuses.

N'hésitez pas à lâcher vos poussins avec d'autres enfants de leur âge en les confiant à tour de rôle aux grands-parents ou à d'autres parents. Vous découvrirez quand ce sera votre tour que c'est parfois plus facile de s'occuper de 2 ou 3 enfants en même temps que d'un seul !

La télévision, les écrans, les jeux vidéo

Ces objets ne sont que des objets, leur usage ne dépend que de nous et il n'y a pas de fatalité à en être esclave !

À consommer avec modération

Comme pour beaucoup de plaisirs, à nous de faire en sorte que l'enfant l'apprécie avec modération, à nous également de savoir quelles limites nous fixons.

Suggestion : vous pouvez vous référer à la règle de Serge Tisseron* sur le 3-6-9-12, très claire et très simple et aux âges indiqués sur les jaquettes des jeux vidéo (ex : PEGI 7 = jeu déconseillé aux moins de 7 ans par exemple).

Un bon compromis peut être d'exclure les écrans les jours d'école, c'est une règle claire (qui peut s'assouplir avec l'âge, la veille des vacances, quand il y a un copain...). Mais cela sera d'autant plus facile que vous jouerez le jeu également avec vos propres écrans ! Oui c'est vrai, c'est très pénible de se frustrer soi-même, mais c'est une petite habitude à prendre.

Une autorisation encadrée

En tout état de cause, assurez-vous bien de ce qu'il regarde et de ce à quoi il joue. À chaque âge correspond une offre suffisamment vaste, évitez de sortir du cadre. Inutile de nier que les écrans apportent une valeur ajoutée éducative certaine, quand les programmes sont adaptés et que laisser votre enfant regarder un film peut vous permettre de récupérer un peu, de travailler, de vous occuper du plus petit... Simplement, restez vigilants sur le volume horaire et les contenus !

Tout enfant qui a été habitué à passer des moments chaleureux avec ses parents préférera faire une séance de yoga, un jeu de société, lire des livres, cuisiner un gâteau plutôt que de rester seul et passif devant un écran. Encore une fois, tout est question de mesure et d'exemple.

Trucs & astuces

PRÉAMBULE AUX SÉANCES POUR LES 3 À 6 ANS

Structure des séances

À partir de 3-4 ans, la personnalité de votre enfant se dessine. Les séances proposées ci-dessous sont suffisamment variées pour que vous puissiez trouver celle ou celles qui correspondront le mieux à votre enfant, sans jugement ni niveau.

Nous avons construit ces séances « en cloche » : temps calme, postures dynamiques, relaxation, en choisissant des thèmes qui nous ont semblé importants pour accompagner le développement des différentes facettes de sa personnalité décrites dans le topo ci-dessus. Choisissez bien sûr celles avec lesquelles vous vous sentez à l'aise et dans l'ordre qui vous convient le mieux.

Piochez !

Vous pouvez également faire votre propre « assemblage » de postures piochées dans le livre, tout en respectant toujours un temps de canalisation de l'attention en introduction et l'indispensable temps de relaxation finale, ainsi que les transitions et alignements préconisés pour chaque posture à suivre impérativement pour éviter les bobos.

Annoncez la séance

Dans tous les cas, n'oubliez pas d'annoncer avec enthousiasme le plan de la séance et le thème du jour (en lisant à voix haute notamment la thématique qui est une petite introduction à la méditation) : l'imaginaire de l'enfant se met ainsi en marche.

En familles nombreuses, faites lire la thématique par les plus grands s'ils sont déjà bons lecteurs. Rappelez-vous toujours de ne pas dépasser les 45 minutes pour les moins de 6 ans…

SÉANCE 1

Curiosités animalières…

Jeanne comme Jules entrent dans un âge où ils sont curieux de tout et adorent les devinettes. Cette séance consiste à leur faire deviner quelques postures d'animaux bizarres parmi les plus célèbres du yoga, trouver à quoi elles correspondent et les refaire. Si besoin, testez-les avant et rassurez-vous, elles sont très simples !

Quelques conseils avant de commencer

- Mettez-vous en scène, entrez dans cette merveilleuse galerie de l'évolution et faites planer le mystère avec de grands yeux ronds : cela fera rire votre enfant tout en captant efficacement son attention.
- Si c'est sa toute première séance de yoga, cette séquence très ludique sera parfaite pour lui présenter une approche en douceur. Donnez-lui des indices pour l'aider à deviner, refaites plusieurs fois chaque posture, plus lentement s'il le faut.
- Quand vous referez cette séance, cela pourra être au tour de votre enfant de vous faire deviner les postures (en regardant les illustrations) ou d'en inventer d'autres !
- N'hésitez pas, avant la séance, à sélectionner dans votre jeu de loto des animaux les cartes correspondant aux postures que vous allez réaliser. Placez-les sur le tapis face contre terre et découvrez-les au fur et à mesure des devinettes. Votre enfant les gagne s'il les trouve.

- Cette séance est construite dans une alternance de postures dynamiques et calmes, mais libre à vous d'en changer l'ordre, tout est permis tant que vous respectez des temps de pause pour respirer entre chaque posture.

> **Partager la thématique du jour : LA CURIOSITÉ**
>
> « La curiosité est une bien jolie qualité qu'il faut cultiver encore et encore ! La curiosité permet de t'ouvrir à de nouvelles rencontres, de nouveaux amis, mais aussi à la découverte du monde, proche ou loin de toi. Si tu ouvres bien tes yeux et ton cœur, tu verras que beaucoup de surprises et de belles aventures t'attendent chaque jour. »

La grenouille… Qui suis-je ?

- Placez-vous debout, les pieds « en éventail », talons ouverts à la largeur des hanches (largeur d'une main horizontale placée entre les pieds), orteils bien étalés.
- Prenez le temps de quelques respirations avant de démarrer votre posture.
- Sur une expiration forte, bouche ouverte, accroupissez-vous en écartant les genoux et en plaçant vos bras devant vous, mains bien à plat au sol.
- Sur l'inspiration, remontez en sautant (vous êtes une grenouille, ne l'oubliez pas !) et en tendant tout votre corps vers le haut. Redescendez aussitôt dans la position accroupie en expirant.
- Sautez plusieurs fois en grenouille : c'est un bon échauffement des muscles des jambes, des genoux et la respiration bouche ouverte vous aidera à réveiller le corps.
- Et pour vous, parent, n'oubliez pas de serrer votre ventre et votre périnée pour les tonifier !

Votre enfant sera triplement heureux : il aura sans doute deviné du premier coup le nom de la posture, il vous aura vu sauter comme une grenouille (ce qui n'arrive pas tous les jours avouons-le) et il va lui-même pouvoir exprimer son plus joli coassement dans cette posture qui rencontre toujours un fort succès tout en canalisant les flux d'énergie.

Trucs & astuces

Insistez bien sur l'ancrage des pieds et la mise en place, en douceur, de la posture. Ne négligez pas de passer par l'étape debout, pieds bien écartés et d'expirer pour descendre.

La tortue qui dit bonjour

Lorsque notre petite grenouille revient accroupie, elle va observer yeux grand ouverts son environnement en prenant quelques respirations, puis poser tranquillement ses fesses sur le sol pour passer à la devinette suivante…
Cette posture peut paraître « trop fastoche » pour Jeanne mais il s'agit de la faire deviner (moins fastoche) et de bien se positionner, sans se faire mal, chacun à son rythme.

- Assis sur vos fesses, les genoux pliés disent bonjour au ciel.
- Écartez vos jambes, gardez les pieds bien à plat sur le sol, placez les mains à l'intérieur des jambes.
- Penchez-vous vers l'avant en arrondissant légèrement le dos en forme de carapace, puis passez vos bras sous vos genoux, si possible paumes de mains à plat sur le sol et les bras qui s'étirent loin derrière vous.
- Tenez cette posture calmante pendant quelques respirations, la tête rentrée, puis relevez-la doucement (attention à la nuque) en disant « bonjour ». Rentrez-la et sortez-la comme une petite tortue jusqu'à ce que Jeanne devine !
- Vous pouvez ensuite pratiquer la posture ensemble en étant à l'écoute l'un de l'autre pour que vos deux tortues se disent « bonjour » en même temps.

Trucs & astuces

Pensez à bien respirer pour favoriser l'ouverture des hanches et ne négligez pas la sortie de la posture, en douceur et en souriant.

Fin de posture

- Placez-vous tous les deux ensuite dans la **posture de l'enfant*** :
  - assis sur les talons,
  - jambes serrées
  - front au sol pour relâcher le dos et les hanches
  - mains à côté des pieds, bras détendus
- Relevez-vous tout doucement, le dos bien rond, vertèbre après vertèbre.
- Prenez quelques respirations en **posture de la montagne*** pour préparer la devinette suivante…

Bon à savoir

La **posture de la montagne*** ou *tadasana** est une posture fondamentale en yoga qui mérite qu'on s'y arrête même si elle semble très facile.
À partir de 4 ans, vous pouvez commencer à faire retenir les noms des postures à Jules et Jeanne (en français bien sûr, le sanskrit et son mystère s'inviteront dans vos séances dans quelques années).

- Debout, placez vos deux pieds parallèles l'un à l'autre, écartés à la largeur du bassin et bien ancrés dans le sol (les enfants auront un peu de mal à bien placer leurs pieds, n'hésitez pas à leur montrer en étalant leurs petits orteils autant que possible sur le sol...).
- Votre dos est droit, le bassin est détendu, le coccyx descendu vers le sol en minirétroversion, soit légèrement basculé vers l'avant.
- Les bras sont légèrement écartés du corps, paumes de mains tournées vers l'avant, doigts tendus, épaules basses.
- La montagne peut se pratiquer aussi avec les mains l'une contre l'autre (en prière), collées au sternum.

L'oiseau des îles

- Placez-vous debout, détendu, pieds parallèles et écartés à la largeur du bassin.
- Inspirez en montant les bras par les côtés, sans monter vos épaules, jusqu'à ce que vos mains se rejoignent puis montez sur les demi-pointes. Pensez à serrer vos fesses. C'est l'envol de l'oiseau, qui regarde haut dans le ciel pour prendre son élan.
- Redescendez doucement vos ailes et vos talons à l'expiration, souriez à Jeanne.

Continuez à mimer l'oiseau qui bat des ailes plusieurs fois en coordonnant la respiration aux mouvements. Roucoulez et cuicuitez pour lui donner un indice et quand elle vous a démasqué, volez dans la pièce, toujours en montant sur les pointes en harmonie avec la respiration.

Trucs & astuces

Si vous voyez que Jeanne ne parvient pas à coordonner sa respiration, continuez en lui montrant l'exemple (bouche fermée) jusqu'à ce qu'elle arrive à vous imiter.

Bon à savoir

Cette phase plus tonique peut s'avérer trop excitante pour un enfant qui aurait du mal à canaliser son énergie mais sera très stimulante pour les enfants plus introvertis. Laissez toujours votre propre jugement être votre meilleur guide…

Fin de posture

- Ralentissez à nouveau vos battements d'ailes.
- Reprenez place sur votre tapis.
- Venez vous asseoir, fesses sur les talons et front au sol, en **posture de l'enfant***, pour détendre vos jambes, chevilles et articulations qui ont été mises à contribution pour faire l'oiseau.

Le chat content ou pas content « fait ses griffes »

- Relevez doucement la tête et passez à 4 pattes, les jambes et les bras écartés de la largeur des hanches et des épaules. Les membres sont bien tendus et restent toujours toniques pendant l'exercice (veillez-y pour Jules).
- En inspirant, levez la tête vers le ciel en souriant, le regard le plus haut et loin possible, c'est le « chat content ». Miaulez pour orienter Jules.
- En expirant, faites le gros dos et rentrez la tête pour que le regard puisse « toucher » le nombril. C'est le « chat pas content ». Feulez, grognez… Normalement, il a trouvé !

Fin de posture

Rajoutez la posture du chat coquin qui fait ses griffes :

- Posez vos fesses sur vos talons ;
- Le front au sol ;
- Tirez vos bras vers l'avant en essayant d'étirer votre dos le plus possible (ça fait un bien fou !). Puis « faites vos griffes » sur le tapis de yoga.

Le chat coquin amuse beaucoup les enfants dont les capacités de mimétisme animalier sont merveilleusement spontanées.

Trucs & astuces

Gardez le dos le plus à plat possible pour étirer tout le haut du corps.

Le joli dauphin

Votre chat est revenu à 4 pattes, le dos bien plat et la devinette suivante va nécessiter cette fois toute la concentration et l'imagination de Jules…

- Déposez vos avant-bras sur le sol, entrecroisez les doigts et placez votre tête entre vos mains.
- Sur une inspiration, soulevez les genoux du sol pour tendre les jambes, sans creuser le dos.
- Tirez vos hanches vers l'arrière pour continuer à déplier vos genoux jusqu'à, si possible, poser vos talons sur le sol.
- Gardez vos jambes toniques, ouvertes à la largeur des hanches.

Vous êtes Flipper le dauphin !

- Tenez la posture pendant quelques respirations pour laisser le temps à Jules de vous démasquer et éventuellement balancez un peu vos fesses pour détendre votre dos et l'aider à voir que vous fendez les flots avec un corps aérodynamique !

Quand c'est à son tour d'imiter le dauphin, rappelez à Jules qu'il a une nageoire sur le dos et qu'il nage en compagnie d'autres dauphins (placez-vous à côté de lui). Sentez tous les deux vos poumons se gonfler d'air quand la tête est hors de l'eau.

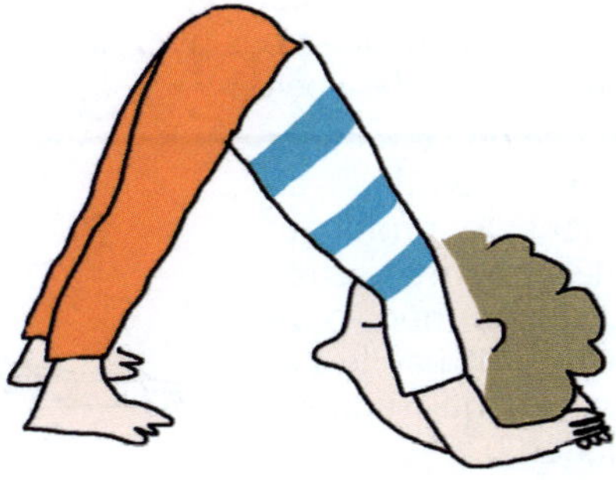

Bon à savoir

Cette posture va non seulement tonifier les bras et les mollets de Jules, mais surtout provoquer en douceur une accélération du flux sanguin vers le cerveau (comme toutes les **postures inversées*** que nous allons introduire progressivement) favorisant ainsi la concentration et le retour au calme des pensées.

Le serpent qui fait SSsssssss......

Encore une posture très célèbre et assez facile à deviner (surtout si vous maîtrisez l'art du « ssssssss »).

- Flipper le dauphin a reposé les genoux au sol et vient s'allonger sur le ventre.
- Mains à plat sur le sol sous vos épaules, coudes pointant vers le ciel et menton sur le tapis, orteils allongés et pieds « copains-collés ».
- Retenez votre respiration quelques secondes pour faire planer le suspense.
- En inspirant par le nez, levez la tête loin devant vous en dégageant le cou des épaules et en poussant sur vos bras (n'allez pas trop loin en arrière pour protéger votre dos).
- Sur l'expiration redescendez en « sssssssifflant » et en pliant vos coudes, puis maintenez coudes et mains parallèles à quelques centimètres du sol et ondulez de gauche à droite, en sifflant et sans oublier le regard malicieux du serpent ! Vous avez le droit de tirer un peu votre langue de vipère !
- Veillez à ce que vos mains restent bien parallèles au corps dans le prolongement des coudes (serrez ventre et périnée pour que ce ne soit pas le bas de votre dos qui supporte l'ondulation !).

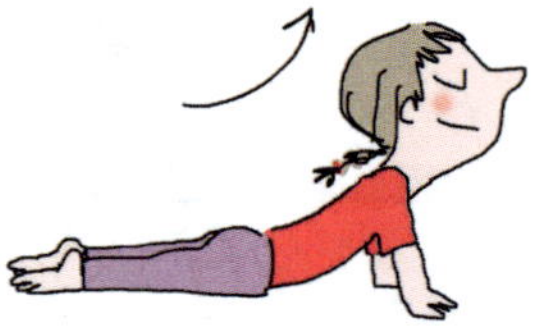

Bon à savoir

Quand Jeanne va à son tour reproduire le serpent, elle aura tendance à lever ses fesses et partir à 4 pattes or, c'est bien connu, le serpent n'a ni fesses ni pattes. Restez vigilant et réajustez-la autant que nécessaire.

Fin de posture

Quand vos deux serpents ont fini leur numéro :

- Reposez tous les deux le front au sol ;
- Relâchez les hanches et les pieds, talons tombant vers l'extérieur ;
- Placez vos mains à plat sous votre front et prenez quelques respirations tranquilles en visualisant le dos qui respire.

Voilà une belle séance presque terminée ! Roulez doucement sur le côté pour venir vous allonger en **savasana*.**

La relaxation en savasana*

La relaxation fait entièrement partie de la séance, ne la négligez pas !

La posture **savasana*,** ou posture du cadavre, est très simple et surtout elle régénère et aide à assimiler la séance.

- Allongez-vous sur le dos.
- Les pieds tombent vers l'extérieur.
- Les bras reposent le long du corps, les paumes sont tournées vers le ciel.
- Fermez les yeux.
- Relâchez les muscles qui ont bien travaillé et méritent largement une pause.

Flashez le code ci-dessous et écoutez l'histoire[1] bien tranquillement, respirez naturellement.

Bon à savoir

Les paumes des mains sont remplies de capteurs sensoriels. Si vous les posez à plat sur le sol ceux-ci continuent à agir. D'où l'importance de les tourner vers le ciel, pour que vos mains soient parfaitement au repos et n'envoient plus de signaux à votre cerveau.

Fin de posture

- Bâillez en ouvrant grand la bouche.
- Étirez-vous en inspirant.

1. http://media.flammarion.org/jailu/zenunjeudenfant/2.mp3

- Relevez-vous en passant sur le côté droit et en poussant sur les bras pour vous redresser en position assise.

L'histoire de Yoga, le chat yogi

Il était une fois l'histoire de Jules et Jeanne qui rêvaient
mais alors rêvaient d'avoir… un animal !
Un animal rien qu'à eux, à garder à la maison :
un chien, une puce, un chinchilla, une souris, une belette,
un loup gris, une fouine, un castor, un éléphant, un perroquet,
un chat poilu, un chat sans poil…
enfin un animal n'importe lequel !

Tous les jours, ils réclamaient à leurs parents
cet animal qui devait changer leur vie.

Ils étaient prêts à tout pour cela : faire la vaisselle
et le ménage, ranger leur chambre, vendre des gâteaux,
être polis, faire des bisous à tata Fernande qui ressemble
quand même à une sorcière et même,
même manger des brocolis !

Mais rien n'y faisait, les parents disaient toujours non, non
et non. C'était trop de responsabilité, trop d'embêtement,
trop de travail, trop de tout.

Un jour pourtant, Jules et Jeanne revinrent de l'école
avec un tout petit chat. Ils avaient vu une annonce
chez le boulanger qui donnait des chatons
et sans rien dire à papa et maman, ils avaient pris
un des chatons. Ils l'appelèrent Yoga, ça ne t'étonnera pas.
C'était une ravissante boule de poils noirs avec les yeux jaunes.

Jeanne et Jules avaient tout prévu :
avec les sous donnés par tata Fernande, ils avaient acheté
des croquettes et du lait pour chaton. Le camping-car de Barbie

avait été aménagé pour que Yoga puisse y dormir.
Ils avaient même pris du sable dans le bac à sable du parc pour servir de litière. Leur rêve était devenu réalité : ils avaient maintenant un petit animal à câliner.
Ils le cachèrent plusieurs jours dans la chambre de Jeanne.
Ils étaient très sages, très pressés d'obéir à leurs parents et de filer jouer ensemble sans se disputer.
Jules, Yoga et Jeanne s'entendaient à merveille.

Jusqu'au jour où…
Yoga étant un chat, il eut envie d'explorer son nouveau territoire, bien au-delà de la chambre de Jeanne qui avait laissé sa porte ouverte en partant avec Jules à leur cours de yoga.

Quelle ne fut pas la surprise de Maman, installée en lotus sur son tapis de yoga, d'entendre un bruit très étrange près d'elle. En ouvrant les yeux, elle vit un joli chaton tout noir et tout ébouriffé qui faisait tranquillement ses griffes sur le tapis. La maman referma les yeux et se dit qu'elle avait sûrement rêvé pendant sa relaxation. Mais quand elle les rouvrit, le chat était toujours là en train de faire lui aussi, avec souplesse et grâce, son yoga de chat sur le tapis. Elle le regarda fâchée, il la regarda avec ses yeux brillants et se mit à ronronner. La maman de Jeanne et Jules sentit ses chakras s'ouvrir et son cœur fondre devant tant de mignonnerie…
Elle, qui avait toujours refusé un animal à la maison, fut conquise par ce petit bout de chat qui faisait, comme elle, du yoga.

Quand Jules et Jeanne rentrèrent à la maison, ils coururent dans la chambre de Jeanne, comme c'était leur habitude depuis que Yoga était là. Mais le camping-car était rangé, il n'y avait plus ni croquettes, ni litière et encore moins de chaton.

La maman vint les rejoindre dans la chambre, les mains derrière le dos. Voyant ses enfants si inquiets, elle se baissa vers eux avec un air sérieux.
« Vous avez perdu quelque chose on dirait, dit-elle… ce ne serait pas lui par hasard ? »

Et la maman sortit Yoga, tout endormi en boule dans sa main. Jeanne et Jules furent soulagés de voir que Yoga n'était pas perdu mais ils n'osaient rien dire. Ils savaient bien qu'ils avaient fait une grosse bêtise. La maman ne disait rien non plus. C'est Yoga qui régla la situation en se réveillant. Il s'étira, il bâilla puis il sauta des mains de la maman. Il retourna en courant dans le salon pour faire fièrement ses griffes sur le tapis et s'étirer le dos ! Tout le monde l'avait suivi et éclata de rire.

Yoga fut finalement adopté par toute la famille. Il eut même le droit d'avoir son propre petit tapis de yoga pour pratiquer avec Jeanne, Jules, la maman et le papa et pour y faire aussi, mais plus discrètement, ses griffes !

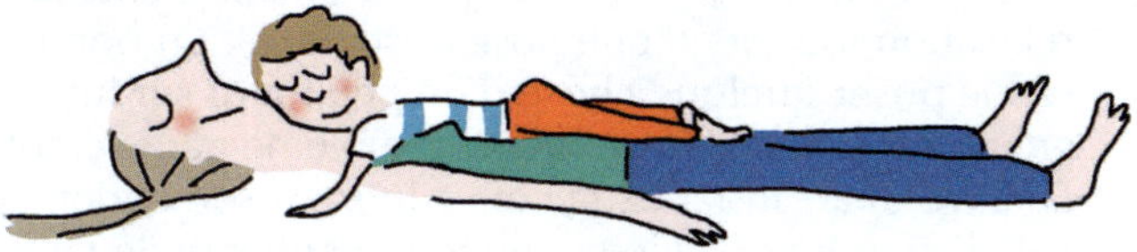

Trucs & astuces de mamans yoginis

Réussir la relaxation finale

- Avec un enfant qui ne tient pas en place pendant la relaxation (ou lors d'une posture statique), un bon truc est de **poser quelque chose d'un peu lourd sur lui,** une grosse couverture ou un oreiller en plume par exemple. En **savasana***, installez la couverture sur son abdomen, cela l'apaisera et l'ancrera pour lui permettre de finir la séance dans le calme.
- Dans le même esprit, vous pouvez utiliser une des pierres de votre sac de Mary Poppins à poser sur son front, au milieu de la ligne médiane qui surplombe les sourcils. Ce point est ce qu'on appelle le « **3e œil** », une zone particulièrement importante pour les grands yogis. Choisissez comme pour les plus petits une pierre aux vertus calmantes, angélite ou jade blanc par exemple.
- Sa concentration se portera sur la pierre, d'abord pour éviter de la faire tomber, puis pour analyser son ressenti : elle est froide, elle est douce, elle est ronde, elle glisse… **Ses pensées focalisées sur cette pierre lui permettront de nettoyer son champ de pensée de tous les bruits extérieurs et d'instaurer le calme intérieur** pour quelques secondes, voire quelques minutes…

Éviter les troubles du coucher grâce à la réflexologie

Le sommeil agité ou l'incapacité de rester en place est courant chez les petits et peut avoir diverses causes. Une simple agitation joyeuse ou inquiète alliée à une bonne dose d'épuisement physique et mental peut créer un phénomène de « Jean-qui-rit, Jean-qui-pleure » que nous avons tous déjà observé.

Les effets apaisants de la réflexologie sur le système nerveux peuvent être très bénéfiques et permettre, par 3 mouvements très simples, de réinstaurer un grand calme dans la maison pour préparer au mieux le coucher.

Encore une fois, le moment idéal pour accomplir ces gestes simples est juste après le bain du soir, quand votre enfant est propre et « lavé » de ses soucis de la journée, ou à la fin de la séance de yoga.

- **Étape 1 :**
  - tenez délicatement d'une main le pied de votre enfant.
  - avec l'autre main pressez votre pouce sur la zone rembourrée de son gros orteil. Ce point est relié directement à la tête.
  - Répétez 2 ou 3 fois ce mouvement de pression et changez de pied.
- **Étape 2 :**
  - placez ensuite vos deux pouces sur le point central de la pulpe de chaque pied (la zone rembourrée située sous les orteils). Ce point est lié au plexus solaire.
  - Demandez à votre enfant de presser lui-même ses pieds contre vos pouces.
  - À nouveau, répétez 2 ou 3 fois chaque pression.
- **Étape 3 :**
  - prenez un pied dans une main, le talon confortablement posé dans votre paume.
  - Avec le pouce de l'autre main, effectuez un mouvement latéral sur la tranche interne du pied de l'enfant,

en remontant votre pouce de l'intérieur du talon vers l'extrémité du gros orteil. Cette zone correspond à la colonne vertébrale, et permettra un relâchement complet du corps.

- Répétez ce mouvement plusieurs fois puis changez de pied.

SÉANCE 2

La confiance

Nous l'avons dit et redit : la confiance est primordiale pour l'enfant, confiance en nous, les parents et confiance en lui.
Les études menées sur les performances scolaires soulignent désormais à quel point une confiance en soi solide compte davantage dans la réussite d'un enfant qu'un QI élevé. C'est une potion magique dans laquelle nous devons les faire tomber tout petits, car soyons certains que c'est dès l'enfance que cet atout se construit, par la force des liens affectifs familiaux et amicaux, par le regard bienveillant et encourageant des adultes à chaque étape de vie, par des encouragements sincères et constants...

Si la séance précédente proposait essentiellement des postures au sol, cette nouvelle séance enchaîne des postures debout simples mais exigeantes qui vont nécessiter équilibre et confiance.

Trucs & astuces

Si vous faites la séance avec Jeanne ET Jules ou plus d'enfants encore, c'est le moment d'essayer de les faire jouer ensemble. Si vous êtes seul avec votre enfant, aidez-vous l'un l'autre.

La respiration de l'aigle : dos à dos

> **Partager la thématique du jour : CONFIANCE**
>
> « La confiance est très importante dans le yoga, elle t'aidera à tenir dans les postures difficiles… La confiance est aussi très importante dans la vie, plus tu en as, plus tu seras capable de réussir beaucoup de choses ! Tu peux demander la confiance autour de toi et l'accorder aussi à tous ceux que tu aimes. »

Nous vous proposons une posture relaxante et originale pour démarrer cette séance.

- Assis en tailleur, dos à dos, prenez le temps de sentir la chaleur du contact physique. Cette position est inhabituelle, appréciez-la !
- Prenez-vous les mains et à l'inspiration (par le nez), levez ensemble les bras très haut vers le ciel. Baissez les bras en expirant (toujours par le nez).
- Si vous êtes dos à Jules, afin de vous adapter à sa taille, vous devrez peut-être plier vos coudes en levant les bras. Veillez à ce qu'il tende bien les siens dans un bel étirement.
- Refaites ces respirations plusieurs fois, à l'écoute, sans parler si possible.

Bon à savoir

Cette respiration de l'aigle qui provient du **Do In*** pour les enfants est très apaisante et idéale en début de séance mais peut également être introduite dans votre rituel du coucher.

La montagne… qui se transforme en chutes du Niagara

Installez-vous dans la **posture de la montagne*** que nous avons décrite plus haut le temps de quelques respirations en essayant de garder le regard fixé sur un point face à vous. Les **drishtis*** (apprenez ce joli mot ensemble, vous serez fiers de le ressortir !), points de fixation du regard, sont les meilleurs alliés du mental, qui lui-même permet au corps d'accomplir ce qu'on lui demande.

- Inspirez et levez les bras, en passant par le côté, très haut vers le ciel.
- Sur l'expiration penchez vos mains vers l'arrière en bougeant les doigts, comme si l'eau jaillissait de vos propres bras. Le dos s'ouvre vers l'arrière, mais attention à ne pas exagérer la cambrure : pour vous mais aussi pour Jules qui, grâce à sa souplesse, a tendance à aller trop loin vers l'arrière et risque de tomber. Rappelez-lui que la confiance est de mise et qu'il ne se fera pas mal en suivant vos instructions.
- Expirez en mimant le bruit des chutes d'eau qui tombent sur les rochers et redressez-vous.

Recommencez 2 fois la posture rythmée par la respiration et revenez dans la **posture de la montagne*** pour enchaîner sur la posture de l'arbre.

L'arbre… on adore…

Haaaa l'arbre ! Nous l'aimons beaucoup, Jules et Jeanne aussi !

Cette posture est stimulante et très gratifiante, facile et esthétique. Elle permet d'assouplir toutes les articulations : genoux, hanches, épaules, chevilles…

Pour vous aider, fixez du regard un point immobile devant vous – c'est le **drishti*** évoqué précédemment.

- Mettez vos mains en « prière » sur votre sternum et montez doucement votre jambe.
- Posez le pied de cette jambe sur la cuisse ou le mollet de la **jambe de terre*.** Imaginez que c'est une branche sur laquelle les oiseaux vont venir se poser. Plus vous allez réussir à écarter votre genou levé vers l'extérieur (en gardant les hanches de face puisqu'un tronc d'arbre ça ne bouge pas), plus de nombreux oiseaux vont

pouvoir venir s'installer. La jambe qui reste au sol est bien droite et très solide, comme un tronc.

- Respirez...
- Levez les bras vers le ciel en gardant les paumes de mains collées et les épaules loin des oreilles.

Vous êtes un arbre, grand et majestueux avec une branche et un tronc solides et des branches légères en haut. Vous êtes bien, non ?

Trucs & astuces

Si Jeanne ou vous-même avez du mal à tenir l'équilibre, vous pouvez aussi ouvrir le genou de la branche en gardant le pied au sol sur demi-pointe, le talon appuyé sur le mollet de la **jambe de terre***, jusqu'à ce que la confiance vienne et que le pied monte tout doucement le long du mollet pour ne plus toucher le sol. Laissez bien pousser vos petites branches du haut (sans pour autant monter les épaules).

Fin de la posture

- Redescendez doucement :
  - d'abord les bras qui font exactement le chemin inverse de la montée.
  - puis la jambe, que vous commencez par déplier en hauteur devant vous et que vous ramenez ensuite le long du tronc de l'arbre (redescendre la jambe en 2 temps vous évitera de vous faire mal au genou – autant prendre de bonnes habitudes tout de suite...).
- Changez de jambe.

Jeanne peut aussi pratiquer l'arbre dos contre vous. Ce duo d'arbres est un moment très agréable pour vous deux : les respirations s'accordent, vous vous sentez le tuteur de ce petit être qui grandit. Quel joli symbole...

Bon à savoir

Si cette posture vous paraît simple, soyez conscient qu'elle est fondamentale et extrêmement bénéfique, pour votre enfant comme pour vous. En effet l'arbre stimule le cerveau tout en ramenant l'équilibre émotionnel au calme. Cette posture améliore l'équilibre physique et fait prendre conscience à l'enfant de la force du regard dans la stabilité du corps. L'arbre dynamise un enfant un peu mou et apaise un enfant excité.

Après l'arbre... le bûcheron !

Pour pratiquer le bûcheron, Jules doit lâcher prise car il doit laisser aller sa tête entre les jambes. Cela demande une certaine confiance. Une fois qu'il a intégré le mouvement et le lâcher-prise, il adore cette posture qui permet de se défouler.

- Placez-vous debout, les jambes écartées et les pieds parallèles.
- Inspirez en levant les bras vers le ciel, mains copines.
- Puis, avec une forte expiration de la bouche, baissez vos bras rapidement pour les passer entre vos jambes, la tête bien rentrée entre les bras.

- Répétez le mouvement plusieurs fois au rythme de la respiration : levez la hache à l'inspire, abaissez la hache à l'expire.

L'image du bûcheron qui coupe du bois aidera les enfants à comprendre la force à mettre dans le mouvement.

Trucs & astuces

Indiquez à Jules de regarder ses mains (et même au-delà) quand il a la tête en bas ; il aura plus tendance à bien lâcher la tête.

Bon à savoir

Cette posture est idéale lorsque l'enfant est agité et qu'il a besoin d'extérioriser de l'énergie négative. Illustrez l'idée qu'il jette son énergie dans le sol et que la Terre va l'absorber immédiatement pour l'en débarrasser. Il pourra utiliser souvent cette image de la puissance d'absorption des soucis ou des colères par la Terre.

Le corbeau

Comme toutes les postures d'équilibre, voici un défi à réaliser en tandem. Cette posture demande confiance, concentration et écoute de soi : chacun apprend peu à peu à sentir le point d'équilibre qui lui est propre, de façon subtile et agréable.

- Revenez en **posture de la montagne***.
- Puis placez-vous accroupi, jambes bien écartées, orteils vers l'extérieur.

- Positionnez les bras à l'intérieur des cuisses, posez les mains bien à plat (environ 30 cm) devant vos pieds.
- Déplacez doucement le poids de votre corps vers l'avant en montant sur vos pointes de pieds. Vos bras vont se plier, vous allez alors pouvoir appuyer vos genoux au-dessus des coudes. Quand vous vous sentez prêt, le regard porté loin devant vous, levez un pied à quelques centimètres du sol, puis l'autre. Le poids du corps repose sur les biceps et les mains, mais vous pouvez l'alléger en serrant votre ventre.
- Redescendez doucement.

C'est au tour de Jeanne ! Aidez-la en mettant un petit coussin rassurant devant elle et faites une parade face à elle. Vous allez être surpris par la dextérité avec laquelle elle va maîtriser cette posture, les enfants l'adorent ! Leur centre de gravité leur permet de s'équilibrer très vite tout en s'amusant.

Bon à savoir

La posture du corbeau tonifie le haut du corps et les poignets. Dès que vous êtes tous les deux à l'aise, n'hésitez pas à croasser !

La chandelle

Plus difficile que l'arbre, cette posture est néanmoins ultra-naturelle pour les enfants et extrêmement bénéfique – c'est une des postures clefs de la pratique du yoga.

- Asseyez-vous, les genoux pliés contre votre poitrine, les pieds à plat (mettez-vous à l'avant de votre tapis et assurez-vous d'avoir assez de place derrière vous).
- Laissez-vous aller d'avant en arrière dans le mouvement agréable et massant du culbuto (voir le chapitre 1 page 46) : Jeanne fait le dos rond et apprend à se laisser aller en arrière en toute confiance.
- Quand l'élan de la roulade est bien maîtrisé, roulez encore une fois puis restez sur le dos et montez vos jambes très haut vers le ciel.
- Maintenez votre bassin avec les mains, doigts pointés vers le haut pour ne pas vous faire mal aux poignets.
- Essayez progressivement d'aligner vos épaules, votre dos, vos fesses et vos jambes pour réaliser une belle chandelle qui éclaire la pièce (si la chandelle penche trop la cire va couler partout !).
- Restez dans cette chandelle et respirez calmement, en imaginant qu'une force tire vos pieds vers le haut, ce qui allégera le poids pesant sur vos épaules.
- Redescendez ensuite doucement, vertèbre après vertèbre, en tenant le dos avec vos mains, puis en posant vos mains à plat sur le tapis.

Conseil

Cette posture est proscrite en période de règles.

Bon à savoir

Veillez à ce que Jeanne garde la tête bien dans l'alignement de la colonne et qu'elle ne tourne pas la tête, pour protéger sa nuque. Pour l'aider, vous pouvez placer une couverture pliée sous son dos, ce qui allégera le poids sur la nuque. Vous pouvez aussi lui soulever les jambes et soutenir ses fesses appuyées sur votre jambe. Elle peut aussi s'entraîner contre un mur si elle se sent plus en confiance ainsi. C'est le maître-mot de cette séance ne l'oubliez pas. Prenez votre temps pour l'instaurer dans chaque posture.

Le poisson

Dès que Jeanne a « soufflé sa chandelle » en redescendant doucement, proposez-lui de :

- S'allonger sur le dos, talons serrés, **pieds flex*.**
- Puis elle va plier les bras, les coller sur les côtés et tendre les avant-bras et les doigts vers le ciel (les coudes restent au sol).
- Dans une inspiration, aidez-la à redresser la poitrine, le haut du dos et la tête jusqu'à ne poser que le haut du crâne au sol. Le corps en appui sur les fesses et les jambes, reste tonique et bien aligné, la tête dans l'axe de la colonne, la poitrine bien ouverte. Si elle est confortable elle peut rester sans vous 4 ou 5 respirations.

Pour réussir cette posture apaisante la première fois, vous devrez sans doute aider Jeanne à bien soulever le haut du thorax. Posez par exemple une main sur le sternum et l'autre sous le haut de la colonne vertébrale pour lui indiquer la partie qui ne doit plus toucher le sol. Montrez-lui aussi la fermeté à avoir jusqu'au bout des doigts. Une fois qu'elle aura bien compris la posture, elle saura la refaire très facilement et aura plaisir à imiter le poisson par quelques mouvements de bouche.

Bon à savoir

Cette « **contre-posture*** » doit toujours s'enchaîner à la chandelle, car elle libère des tensions éventuelles de la nuque et du haut du dos et ouvre la poitrine, libérant ainsi agréablement la respiration.

Relaxation : retour au calme en couleurs

Améliorer sa capacité à se concentrer demande à chacun d'apprendre à remarquer que son esprit vagabonde vers des pensées « parasites », à filtrer les stimuli extérieurs envahissants. Pour démarrer cette petite relaxation méditative de quelques minutes, nous vous proposons un jeu de couleur que les enfants apprécient toujours. Vous pouvez la lire vous-même ou flashez le code ci-dessous[1] et pratiquer avec les enfants.

1. http://media.flammarion.org/jailu/zenunjeudenfant/3.mp3

Retour au calme par la relaxation des couleurs

*« Assieds-toi en posant les fesses sur les talons.
Pose ton front sur le sol et laisse tes bras
reposer tranquillement à côté de toi.
Tu es en posture de l'enfant*.*

Si tu ne peux pas te mettre en posture de l'enfant,
installe-toi là où tu es confortablement.*

*Maintenant, ferme les yeux et essaye de relâcher ton corps,
tes bras, tes épaules…*

*Choisis une couleur que tu aimes,
celle que tu veux, joyeuse ou apaisante.*

*En gardant les yeux fermés, colorie dans ta tête
tout ce que tu imagines
autour de toi de cette couleur.
Si tu aimes le rouge par exemple,
imagine que tu es tout rouge, que les sons que tu entends
sont des lumières rouges, que les murs de la pièce sont rouges,
que papa est habillé tout en rouge,
que le ciel dehors est rouge.*

*Laisse-toi bercer par cette couleur,
comme si tu étais dans un monde tout rouge.*

*Reste tranquillement dans ce monde coloré,
garde les yeux fermés, souris.*

*Dès que tu as envie, rouvre doucement tes yeux
en essayant de garder cette couleur que tu aimes en tête. »*

Conseil

Prenez toujours votre enfant dans les bras après les quelques minutes de relaxation pour que ce moment soit marqué d'une empreinte de douceur « enrobante ».

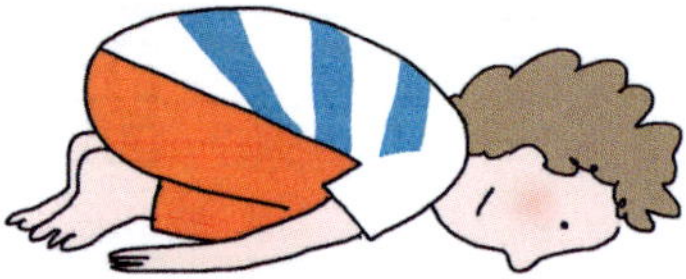

Trucs & astuces

Vous pouvez évidemment choisir la couleur que vous souhaitez si vous lisez vous-même la relaxation, sachant que les couleurs chaudes ont des propriétés énergisantes et joyeuses quand les couleurs froides ont des vertus calmantes et seront à favoriser le soir.

SÉANCE 3

La force

Cette séance vous est proposée accompagnée de mantras* à répéter pour mettre de l'emphase sur la force des postures.

Dans l'hindouisme et le bouddhisme, le **mantra*** est une syllabe ou une phrase sacrée dotée d'un pouvoir spirituel. Elle est répétée plusieurs fois, chantée ou écrite, afin de calmer les fluctuations de l'esprit pour mieux s'en remplir et méditer dessus.

Vous pouvez utiliser les **mantras*** que nous vous proposons de répéter pour chaque posture mais vous pouvez aussi inventer les vôtres, qui favoriseront votre complicité. Laissez Jules et Jeanne imaginer des **mantras*** qu'ils pourront se réciter facilement quand ils en ressentiront le besoin et inspirez-vous de celui que vous trouverez en flashant le code ci-dessous[1].

“ Un jour dans la vraie vie

Un jour de caprice en mode « va immédiatement dans ta chambre », j'ai découvert que Jules avait adopté « son »

1. http://media.flammarion.org/jailu/zenunjeudenfant/1.mp3

mantra* pour calmer ses poussées d'exaspération ou de tristesse. Je l'ai ainsi retrouvé assis en tailleur au milieu de sa chambre, répétant « la paix – commence – avec « moi », chaque pouce accompagnant la cadence en pressant alternativement les phalanges des autres doigts, une par une, à chaque syllabe... « La paix commence avec moi, la paix commence avec moi, etc. » Un apaisement bienheureux semblait se poser à chaque mot sur lui, c'était magique !

Trucs & astuces

Jules ou Jeanne peuvent aussi s'imaginer dans les postures ci-dessous lorsqu'ils ont « un petit coup de mou », un coup de blues et qu'ils ne peuvent pas pratiquer. L'imaginaire est très important dans cette séance.
Vous pouvez tester les postures avant de vous lancer avec votre enfant pour saisir les nuances (si vous ne les connaissez pas déjà) et être à l'aise pour corriger si besoin.

Respiration du chaud et du froid

Qui dit force dit chaleur intérieure. Pour stimuler celle-ci et mobiliser les sens, nous vous invitons à réaliser cette petite respiration avec Jeanne.

- Assis, prenez une longue et calme inspiration par la bouche ouverte en « petit cul-de-poule », la langue en rouleau si possible. Vous allez sentir un filet d'air froid rentrer par ce petit orifice buccal et rafraîchir toute votre bouche.
- Amenez votre main à quelques millimètres du visage et expirez toujours par la bouche un gros souffle d'air chaud sur votre paume de main.
- Répétez plusieurs fois en changeant de mains.
- Puis quand vos paumes de mains sont bien réchauffées, frottez-les l'une contre l'autre jusqu'à créer une forte chaleur et diffusez-la en frottant votre ventre, vos bras et vos jambes.

Le corps est maintenant bien réveillé et prêt pour la séance !

“ Partager la thématique du jour : force

« Le yoga est un cadeau dans nos vies, un cadeau qui nous apaise et nous rend plus fort. Fort dans les postures, fort dans les équilibres, fort dans notre vie quotidienne en dehors du tapis. À tout moment nous pouvons faire appel au yoga si nous nous sentons fragile ou sensible, si nous avons peur, pour se rebooster ou simplement se remplir d'une pensée positive, avant un contrôle par exemple ou pour réussir à aller au bout d'un effort difficile… »

L'échauffement du guerrier

C'est l'heure de l'échauffement du petit guerrier ou de la petite guerrière !

- Placez-vous à l'avant de votre tapis.
- Accroupi, placez vos mains sur le bout des doigts bien stables, sur la même ligne que les pieds. Gardez bien vos pieds et **jambe de terre*** sur la même ligne, comme si c'était la ligne de départ qu'il ne fallait pas dépasser.
- Regardez droit devant vous : le guerrier va bientôt s'élancer !
- Sans bouger les doigts ni la jambe droite, placez votre jambe gauche tendue loin derrière vous, les doigts de pieds retroussés sur le tapis.
- En inspirant, redressez le buste en tendant les bras (mains toujours sur la même ligne sur le tapis), ouvrez bien la poitrine et regardez vers le ciel.

- Sur l'expiration, ramenez la jambe gauche à côté de la droite. Refaites le même exercice avec la jambe droite derrière, plusieurs fois.
- Répétez-vous mentalement le **mantra*** proposé.

Cette position fait partie de notre **salutation au soleil***, elle vous servira plus tard !

Petit mantra :
« Je vais loin »

Trucs & astuces

Comme pour tout échauffement, commencez doucement puis tendez progressivement bras et jambe arrière dans un étirement plus puissant. Attention les petits garçons, qui adorent cet exercice, vont avoir tendance à aller tout de suite très vite en sautant d'avant en arrière.

Fin de posture

- Ramenez les deux pieds serrés et tendez les jambes.
- Redressez-vous en remontant le dos rond, une vertèbre après l'autre, dans la **posture de la montagne***, mains en prière devant la poitrine, coudes baissés.
- Respirez un instant.

Vous allez maintenant inviter Jules et Jeanne à enchaîner trois postures de guerrier favorisant la force physique mais aussi mentale. Elles sont aussi exigeantes qu'efficaces. Prenez le temps nécessaire, sur plusieurs séances si besoin, pour bien les maîtriser.

Bon à savoir

Dans toutes les postures de guerrier vous devez être vigilant à la position des pieds et à l'alignement des hanches qui doivent toujours rester à la même hauteur, quitte à aller moins loin dans les postures. La priorité est à l'équilibre de la posture, pas à la performance. N'hésitez pas à enrichir l'histoire d'ennemis imaginaires cachés derrière le flanc de la montagne adverse !

Le guerrier I… aux aguets

Le guerrier I joue sur la respiration, la détente de la nuque, la souplesse des hanches et renforce le bas du dos. En partant de la **posture de la montagne*** :

- Levez les mains très haut en inspirant.
- Sur l'expiration, placez votre jambe gauche en fente arrière. Le pied gauche, talon au sol, sera ouvert à un

angle de 45° (ne sortez pas non plus votre rapporteur !), le pied droit n'a pas bougé.

- La jambe droite est pliée, le genou bien aligné au-dessus du pied, la jambe gauche tendue. Assurez-vous que la jambe gauche de Jeanne (ou la vôtre) est légèrement décalée sur la gauche pour que les deux hanches restent bien alignées de face.
- Les bras sont tendus vers le ciel, mains séparées de quelques centimètres.
- Votre **drishti*** est face à vous, regard bien droit et surtout stable pour observer tous les dangers qui pourraient survenir.
- Répétez-vous mentalement le **mantra*** proposé.

Quand elle prendra de l'assurance dans cette posture, vous pourrez l'inviter à serrer ses mains l'une contre l'autre et à diriger son regard vers le haut, comme un guerrier qui sonde le ciel et se prépare...

Petit mantra :
« La force est en moi »

Fin de posture

Repassez toujours par la **montagne*** pour changer de jambe.

Bon à savoir

Cette posture n'est pas difficile mais veillez à ce que les genoux soient toujours bien dans leur axe et surtout en aucun cas rentrés vers l'intérieur. Pour vous aider à équilibrer la posture, mettez du poids sur la tranche extérieure du pied arrière, afin de bien répartir le poids entre l'avant et l'arrière de la posture.
Jeanne, du fait de sa souplesse ligamentaire, peut avoir tendance à laisser ses genoux s'affaisser ; ce n'est pas une bonne habitude à prendre, surtout pour une posture qui tonifie et exige un certain contrôle.

Le guerrier II… courageux et téméraire !

Du guerrier I vous allez passer en guerrier II en ouvrant le pied arrière à 90°.

- Les hanches suivent le mouvement en s'ouvrant cette fois complètement vers le côté.
- Les bras vont s'écarter pour venir se placer en croix à l'horizontale, paumes tournées vers le sol.
- Les épaules sont détendues et basses mais les doigts restent bien tendus et énergiques : ils sont les armes du guerrier !
- Placez votre **drishti*** sur le bout du majeur de la main tendue vers l'avant.
- Répétez le **mantra*** avec puissance pour amplifier la tonicité requise.

Petit mantra
« Je suis courageux(se) »

Trucs & astuces

Si vous avez un doute sur la justesse de votre alignement au début, vérifiez :
• que votre genou avant est bien fléchi à 90 degrés, en alignement avec votre cheville ;
• que vos deux talons, avant et arrière, sont placés sur la même ligne ;
• que vos hanches et vos épaules sont bien « de profil », parallèles au grand côté du tapis.

Fin de posture

- Respirez amplement et repassez par la **montagne*** avant de changer de jambe.
- Enchaînez les postures plusieurs fois avec des mouvements amples et détendus.
- Replacez-vous dans la **montagne*** pour finir.

Bon à savoir

Cette fente est bien sûr bénéfique pour les hanches et les chevilles, mais peut aussi soulager le bas du dos si vous veillez à garder le coccyx abaissé vers le sol. Enfin elle tonifie les jambes… ce que vous devriez vite ressentir.

Le guerrier III… le libérateur !

Voici la dernière posture de guerrier de la séance que les enfants auront plaisir à pratiquer avec un équilibre bien plus impressionnant que le nôtre !

- De la **montagne***, reculez la jambe gauche et ancrez bien votre jambe droite dans le sol. La fente est moins large que précédemment et les jambes gardent l'écartement des hanches.

- Écartez vos bras comme des ailes, sans dépasser la hauteur des épaules.
- Placez votre **drishti*** au sol, environ 15-20 cm devant vous.
- Doucement, avec l'aide des bras pour garder l'équilibre, penchez-vous vers l'avant jusqu'à décoller la jambe gauche et montez la progressivement vers l'horizontale.
- Gardez vos deux jambes bien tendues, le centre du corps tonique et respirez de bonheur, vous êtes libre !

Petit mantra
« Je suis solide, je suis libre »

Trucs & astuces

N'hésitez pas à trouver le point de fixation à indiquer à Jules, un objet immobile, une gommette ou un Post-it® placé sur le sol où doivent se poser ses yeux par exemple. Et bien sûr, vous pouvez le retenir légèrement au niveau des épaules ou des bras pour qu'il reste un peu en équilibre sans risquer de chuter tête la première sur son petit nez.

Posture avancée

Si Jules, Jeanne ou vous-même êtes très à l'aise, vous pouvez aller dans la posture complète en amenant les bras le long du corps à l'horizontale.

- Reposez la jambe gauche en redressant le buste (sans creuser le dos) et en baissant les bras délicatement.
- Puis alternez : la jambe gauche se place devant, le buste se penche et la jambe droite se lève à l'horizontale, bien tendue.
- Replacez-vous en **montagne***, puis asseyez-vous sur vos talons en **posture de l'enfant*** pour quelques respirations.
- Redressez-vous, le dos bien droit, les mains sur les genoux.

Félicitations Jeanne, bravo Jules !

Bon à savoir

Ce guerrier en équilibre va renforcer le dos, les épaules, les hanches et le bassin de votre enfant, tout en lui donnant une plus grande confiance en lui. Chaque posture d'équilibre renforce à l'intérieur comme à l'extérieur et les enfants sont très fiers d'eux-mêmes quand ils les maîtrisent. Et vous aussi !

Respiration : le lion & le guerrier

Le roi de la jungle a droit de cité dans notre séance car qui mieux que lui peut apprendre à notre petit guerrier à respirer avec force ?

Inspirez fortement par le nez et expirez en rugissant bouche grande ouverte. Vous pouvez tirer la langue avec force vers le bas et sortir vos pattes pleines de griffes pour donner encore plus de puissance à toute votre respiration.

Recommencez plusieurs fois en chœur !

La chandelle

Posture reine pour renforcer l'ensemble du corps, c'est aussi une suite parfaite aux postures de guerrier qui ont beaucoup sollicité les jambes, afin de les détendre et de booster la circulation sanguine pour éviter les courbatures.

- Allongez-vous sur le dos.
- Montez vos jambes à 90 ° vers le ciel.
- Soulevez vos fesses et maintenez-les levées avec les mains, doigts pointés vers le haut pour ne pas vous faire mal aux poignets.
- Essayez progressivement d'aligner vos épaules, votre dos, vos fesses et vos jambes et respirez calmement.
- Redescendez ensuite doucement, vertèbre après vertèbre, en tenant le dos avec vos mains.

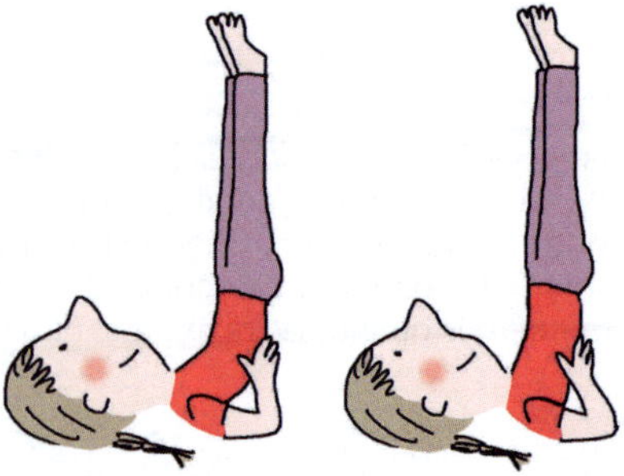

Le poisson guerrier

- Jeanne et vous allez redescendre doucement de la chandelle.
- Allongez-vous sur le dos, talons serrés et orteils **flex*** pour une variante du poisson déjà présenté dans la séance précédente.
- Tendez les bras sous le dos, coudes au sol et mains sous les fesses.
- Dans une inspiration, redressez le sternum, le haut du dos et la tête jusqu'à reposer le haut du crâne au sol. Le corps reste tonique et bien aligné, la tête dans l'axe de la colonne, la poitrine bien ouverte et les pieds pointés au sol.

Fin de posture

Placez-vous enfin en **posture de l'enfant***, vous avez tous mérité une douce relaxation. Lisez ou écoutez *Le voyage avec le dieu Hermès*, en flashant le code ci-dessous[1].

Voyage avec le dieu Hermès

Connais-tu Hermès ?
Hermès est un dieu de la mythologie grecque.
Messager des dieux, il est le gardien des chemins,
le protecteur des voyageurs et des commerçants.

Prépare-toi à un voyage extraordinaire
avec ce dieu merveilleux.

Installe-toi confortablement, ferme les yeux si tu veux
et prends quelques respirations tranquilles
pour préparer ton imagination à ce voyage.

Commence par visualiser un chemin
sur lequel tu grimpes sur une montagne rocheuse et grise.
Le soleil brille, tu marches doucement.
Il fait chaud mais la montée est agréable.

Tu arrives en haut du mont Olympe, cette fameuse montagne
où vivent les dieux en Grèce, dans un vaste château.

---

1. http://media.flammarion.org/jailu/zenunjeudenfant/4.mp3

Zeus, le père d'Hermès, règne sur cette famille où chacun est doté de pouvoirs magiques et de caractères très forts !

Alors que tu arrives devant l'entrée du château, tu vois sortir un beau jeune homme qui porte un casque et des chaussures ailées. Il te sourit, alors tu fais demi-tour car tu décides de le suivre. Vous marchez tous les deux jusqu'à une sorte de balcon en pierre d'où vous dominez toute la chaîne de montagnes rocheuses : la vue est grandiose sur les sommets et la vallée.

Hermès s'assied et sort de sa sacoche une paire de sandales ailées qu'il te tend. Tu les enfiles et elles s'adaptent aussitôt à tes pieds, comme par magie. Hermès te donne ensuite la main, il inspire longuement pour gonfler sa poitrine et les ailes de vos chaussures se mettent à battre. Doucement, vos sandales vous soulèvent du promontoire, comme si vous étiez des plumes... Ça y est : tu voles !

Après un petit tour dans les airs vous quittez le mont Olympe pour descendre doucement vers la vallée, puis vers la mer très bleue. Vous survolez des îles : certaines sont si petites qu'on dirait des coccinelles posées sur l'eau, d'autres sont plus grandes et tu peux distinguer les habitants et leurs maisons.

Enfin, vous arrivez au-dessus d'une île qu'Hermès appelle Milos, l'île aux mille couleurs. Tu peux en effet admirer les falaises où la pierre est multicolore : rose, rouge, orange, jaune, grise, noire... il y a même du vert par endroits !

Vous vous posez sur une prairie à côté d'une toute petite maison en pierres.

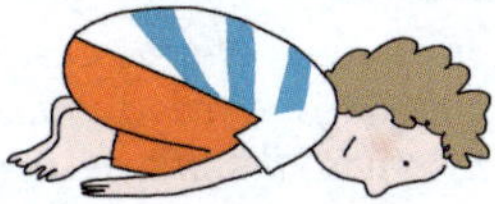

Hermès s'approche d'une jeune femme qui dort à l'ombre d'un olivier. C'est une bergère qui garde des chèvres et dont Zeus, le roi des dieux,

est tombé amoureux. Zeus a le cœur très généreux
et il tombe tout le temps amoureux !
Alors il a demandé à Hermès d'aller déposer en cachette
une lettre pour la bergère.

Vous vous approchez très doucement, sans faire de bruit
pour ne pas la réveiller… Hermès saisit le panier de la bergère
et y dépose la lettre. Mais par mégarde, il fait tomber les olives
qui s'y trouvaient. Vous sursautez tous les deux
mais la bergère ne se réveille pas. Elle se retourne
et laisse échapper un petit ronflement.

Hermès s'éloigne et tu le suis en riant…
Vous vous arrêtez un peu plus loin sur le bord d'une falaise.
Hermès sort des figues fraîches de sa sacoche.
Vous dégustez les fruits doux et sucrés
en admirant la mer si bleue.
Vous êtes bien…

Il est temps de repartir vers l'Olympe
avec vos sandales magiques car Hermès a d'autres messages
à délivrer. Tu jettes un dernier regard sur Milos
et tu te promets d'y revenir un jour.
Tu donnes la main à Hermès, tu inspires à fond
en gonflant ventre et poitrine et vous vous envolez.

Vous arrivez sur le mont Olympe où Zeus fait les cent pas.
Hermès le rassure sur la mission
qui s'est déroulée si bien en ta compagnie.
Hermès se retourne et te fait un clin d'œil complice.
Tu lui réponds par un clin d'œil,
tu peux être fier de l'avoir accompagné !

Tu enlèves les sandales et tu les rends à ton nouvel ami,
Hermès aux mille ruses.
Tu reprends le chemin qui descend de l'Olympe.

Ton aventure avec Hermès est terminée.
Tu peux rechausser ces sandales ailées
dès que tu en as envie. Il suffit de penser à Hermès :
cela te donnera confiance pour réaliser de belles choses
et vivre de belles aventures.

SÉANCE 4

Le respect grâce à l'apprentissage du Do In*

Voici enfin le Do In* que nous avons déjà évoqué à plusieurs reprises par petites touches.
Les Occidentaux ne sont pas très familiers de cette méthode simple et bénéfique, mais le respect que nous devons tous à notre corps nous semble primordial à inculquer à nos enfants. C'est pourquoi nous sommes heureuses de partager cet art du toucher avec vous.

Le Do In*

Définition

Do In* (prononcez « dou-in ») veut dire « travail des doigts » en chinois. C'est une gym douce très ancienne dont l'objectif est de relancer l'énergie du corps par le biais d'automassages qui le réveillent, le tonifient et l'échauffent.

C'est à la fois une technique et un moyen pour mieux connaître son corps et le préparer à l'activité physique ou à une journée sereine.

Le yoga comme le Do In* sont des disciplines qui envisagent le corps dans sa globalité, prônent le respect de soi-même, le respect des autres et le respect de la nature.

Le pratiquer régulièrement fait progresser notre perception aux sensations et aux signaux du corps. À l'instar de toutes les disciplines énergétiques développées en Orient, il est fortement recommandé de pratiquer tous les jours, même 5 minutes… Réussir à en faire un petit rituel en famille étant l'idéal bien sûr.

Trucs & astuces pour le Do In*

Quand vous effectuez les martèlements et autres tapotements, il ne s'agit jamais de se faire mal ou de provoquer une quelconque sensation désagréable. Ayez toujours le poignet souple quand vous utilisez les poings fermés ou le plat de la main. Dosez votre force, surtout si vous pratiquez sur votre enfant **au début. Ne martelez que les zones dures : c'est amusant** de chercher avec Jeanne et Jules ce qui est dur dans le corps et ce qui est plus mou.

En pratique

Cette séance en **Do In*** est adaptée aux enfants avec la thématique des Indiens et des cow-boys qui devrait ravir l'imagination féconde de Jeanne et Jules. Ils peuvent ne pas réussir à faire tous les mouvements au début : n'hésitez pas à les faire sur eux, ils prendront bien vite conscience du geste et de l'effet attendu. Refaites chaque geste plusieurs fois pour activer la mémorisation sensorielle. Vous pouvez aussi pratiquer pour vous seul sans avoir besoin de vous imaginer au Far West et garder en mémoire quelques gestes à refaire tout au long de la journée y compris au travail.

Bon à savoir

Attention, malgré l'aspect doux des mouvements, évitez de pratiquer après 17 h sinon Jules et Jeanne risquent d'avoir du mal à s'endormir !

La respiration de l'aigle : dos à dos

Cette respiration relaxante, déjà expliquée à la séance 2 page 136, est typique pour commencer un **Do In***. C'est une sorte de méditation active qui permet de ressentir la chaleur du contact physique.

- Asseyez-vous en tailleur, dos à dos.
- Prenez les mains de Jules et à l'inspiration, levez les bras très haut vers le ciel.
- Baissez les bras en expirant (toujours par le nez).

Fin de posture

Restez en tailleur pour partager le thème de la séance.

“ **Partager la thématique du jour : LE RESPECT**

« Ton corps est comme une maison qu'il faut entretenir, nettoyer, ranger et respecter. Ton corps est TA maison, tu vis dedans, aujourd'hui et pour toujours. Prends-en soin. Si tu respectes ton corps, tu respecteras les autres. Tu verras, c'est facile et efficace ! »

L'école des Indiens

Les Indiens vont à l'école bien sûr mais parfois il n'y a pas de tableau, alors, on se débrouille sans !

Jeanne va venir s'asseoir derrière vous et « dessiner » des formes (simples) ou des lettres dans votre dos. Vous devrez deviner ce qu'elle a dessiné. Bien sûr, vous échangerez ensuite les rôles.

Sans doute Jeanne dessinera-t-elle un peu vite au début, ou sa pression sur votre dos ne sera-t-elle peut-être pas assez marquée. En changeant les rôles, faites vous-même l'effort d'être lent, simple et clair pour qu'elle ressente l'intérêt de l'exercice.

Ce travail est une première approche ludique du massage.

Le maquillage « Do In* » du visage

Les Indiens et Indiennes ont pour habitude de se peindre le visage avant toutes les grandes cérémonies. Comme vous allez le voir, notre **Do In*** de la tête correspond parfaitement à cette coutume indienne. Pratiquez assis, dans la posture confortable de votre choix.

- **La frimousse**
  - Avec les doigts, amusez-vous à faire bouger la peau du visage comme pour la nettoyer. Les joues sont la partie la plus facile à bouger.
  - N'oubliez pas le front, les tempes, les lèvres aussi.
  - Les grimaces qui ne manqueront pas d'apparaître dans cette fausse toilette sont les bienvenues pour une détente globale du visage.
- **Les yeux**
  - Chauffez vos mains l'une contre l'autre et placez-les comme une coquille sur les yeux. C'est un geste ressourçant et apaisant que vous pouvez pratiquer tous les jours.

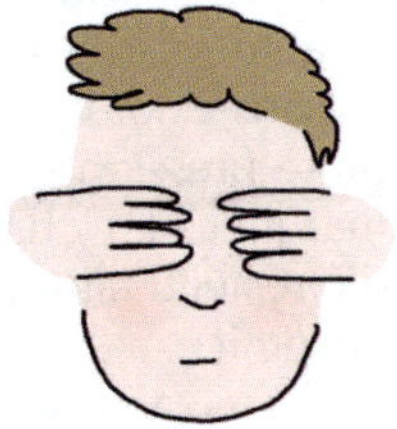

– Avec les mains posées sur les yeux, ouvrez et fermez plusieurs fois vos paupières « dans le noir ».
– Pincez toute la surface des sourcils (la peau y est épaisse). Puis fermez les yeux aussi fort que possible et ouvrez-les très grands rapidement.
– Recommencez plusieurs fois.

• **Le nez**

– Avec le creux de la paume de la main, tournez le bout mobile du nez dans tous les sens, comme un moulin !
– Puis avec l'index tendu à l'horizontale, frictionnez le dessus des narines, comme si vous vouliez retenir un éternuement.

• **La bouche de « canard »**

– Posez la tranche interne d'une main au-dessus de la lèvre supérieure, la tranche interne de l'autre main au-dessous de la lèvre inférieure.
– Puis faites des mouvements latéraux et opposés de va-et-vient. C'est rigolo et cela détend les maxillaires.

• **Le menton sans barbe**

– La barbe n'est pas à la mode chez les Indiens, rasons-la ! Pincez le menton entre le pouce et l'index, secouez-le (en gardant la bouche ouverte et détendue).

• **Des plumes aux oreilles**

– Essayez de « déplier » vos oreilles en en pinçant le contour entre le pouce et l'index (faites tout le tour).
– Posez ensuite vos mains à plat sur les oreilles (pour fixer les plumes voyons !) et pressez fort à plusieurs reprises. Ce geste assourdit les bruits extérieurs, isole, calme.

• **La coiffe indienne**

– Tapotez toute la surface du cuir chevelu avec le bout des doigts, poignets souples et mobiles pour que les doigts rebondissent mieux sur le crâne.

Fin du Do In* du visage

Pour parfaire cet accoutrement et être fin prêt à aller rencontrer les cow-boys :

- chauffez à nouveau les mains en les frottant fortement l'une contre l'autre ;
- passez-les plusieurs fois sur le visage et le crâne afin de stimuler et rassembler l'énergie.

Les Indiens sont maintenant prêts à partir à la chasse en chevauchant leurs montures.

Le Do In* des bras et du torse

Toujours assis, vous allez maintenant vous concentrer sur le haut du corps.

Les bras

- **Les bras**
  - En partant des épaules, martelez en descendant avec le poing la face externe du bras et remontez le long de la face interne.
  - Changez de bras.
  - Imaginez ce mouvement rythmé telle une petite chevauchée au galop.

- **Les poignets**
  - Enroulez un bracelet indien porte-bonheur en attrapant avec votre main le poignet opposé et frottez-le vigoureusement.
  - Changez de côté.
- **Les mains**

On imagine que les Indiens et les Indiennes posent des pièges partout dans la forêt. Cela correspond au geste de « vissage » de chaque doigt.

– Commencez à la base du doigt avec les doigts opposés et massez jusqu'au bout de l'ongle que vous pouvez pincer pour bien faire circuler l'énergie.

- Secouez ensuite bien les bras, comme si vous vouliez propulser votre énergie très loin.

Maintenant que tout est prêt, les Indiens retournent au campement et vont installer leur tipi pour la nuit…

Le torse

- **Le thorax**

  – Pour vérifier la solidité de chaque tente, les Indiens les soulèvent. Inspirez en gonflant la cage thoracique et frappez sur toute la surface osseuse avec les 2 poings en commençant par le bas.

  – En expirant, caressez avec les mains toute la surface de la cage. Inutile de frapper sur le ventre, le respect implique que nous adaptions nos gestes : pas de martèlement sur les parties souples et molles du corps qui doivent être massées en douceur.

- **Le dos**

  – Pour planter les piquets des tipis, penchez le buste légèrement vers l'avant et frappez énergiquement le bas du dos avec les poings en essayant de remonter le plus haut possible dans le dos.

Fin du Do In* du haut du corps

Asseyez-vous ensuite en tailleur pour vous reposer de tout le travail accompli.

Nos Indiens vont avoir encore besoin de beaucoup d'énergie... les cow-boys attaquent !

Do In* des jambes

Les cow-boys veulent prendre le territoire des Indiens : ils arrivent pour mener une attaque surprise. La tribu n'a pas pour habitude de se laisser faire, ils retournent vite vers les chevaux pour mener bataille.

Toujours assis, dépliez vos jambes devant vous.

- **Les jambes**

Comme pour les bras, vous allez marteler vos cuisses et vos mollets.

- Descendez avec les poings sur le dessus puis sous les jambes, c'est la cavalerie des cow-boys qui arrive.
- Remontez ensuite sur les zones internes et externes : ce sont les Indiens qui rappliquent ! Frictionnez toutes les jambes énergiquement, figurant ainsi la poursuite à laquelle se livrent les Indiens et les cow-boys.

- **Les genoux**

- Afin de soigner les blessés indiens, il faut masser doucement les genoux, comme si on appliquait une pommade magique.

- **Les chevilles**

Les Indiens ont gagné la bataille ! Ils font prisonniers les cow-boys qui ont perdu.

– Comme avec les poignets, faites une sorte de menotte autour des chevilles et frottez-les vigoureusement, ainsi que tout le tendon d'Achille.

- **Les pieds**

Comme chacun sait, les Indiens torturent toujours un peu leurs prisonniers… à la guerre comme à la guerre !

– Massez vos orteils, comme pour les mains, en tournant comme si vous « vissiez » chaque orteil, et finissez en pinçant le bout des ongles. Ensuite, martelez la plante des pieds avec les poings fermés.

Trucs & astuces

En fermant votre poing, vous pouvez utiliser la pointe de vos phalanges pour masser vigoureusement la plante des pieds, excellent geste à faire le soir avant de dormir. Si votre enfant n'apprécie pas ce geste un peu fort, les adultes adorent en général (y compris les chatouilleux puisque le mouvement est assez puissant).

Fin du Do In* des jambes

Les Indiens ont décidé de rendre la liberté à leurs prisonniers qui ont promis de ne plus les attaquer.

Pour ouvrir les portes de la prison, secouez bien vos jambes, comme si vous vouliez vous débarrasser de vos pieds. Tout est bien qui finit bien !

Levez-vous pour terminer le **Do In*** par une respiration énergisante.

Le volcan en éruption

Cette posture est idéale pour se vider d'un trop-plein d'énergie ou de colère…

- Partez de la position de la **montagne***, mains en prière contre la poitrine.
- Inspirez en montant les bras vers le ciel, mains toujours copines : c'est la lave qui monte, qui monte très haut !
- En sautant jambes écartées, expirez d'un coup avec le son « ahhhhhhh », bouche ouverte, vos bras s'ouvrant sur les côtés : c'est la lave en fusion qui jaillit du volcan !
- Recommencez plusieurs fois avec tonicité.

Bon à savoir

Si vous préférez conserver le calme de la séance, vous pouvez ne pas faire cette respiration et passer directement à la relaxation.

Trucs & astuces

Pour éviter que Jules transforme son ahhhhh en cri aigu (même si cela peut être défoulatoire parfois !), précisez-lui bien que le son est « brûlant » comme la lave. S'il hurle, la chaleur ne sort pas de la bouche, s'il expire la bouche largement ouverte avec un son « ahhhhhhh » presque chuchoté, il sentira la chaleur (testez une fois sans faire la posture). Les postures permettant de se défouler nécessitent quand même une certaine dose de contrôle.

Le hamac bercé : la relaxation des Indiens

- Asseyez-vous tous les deux en tailleur en vous plaçant derrière Jeanne.
- Placez vos mains sur ses omoplates et incitez-la à se détendre « dans vos mains ». L'équilibre est assez subtil : elle ne peut pas se laisser complètement aller, mais elle doit réussir à lâcher prise en confiance.
- Vous allez la bercer entre vos mains, d'une main à l'autre, en alternant la pression, pour lui procurer un agréable massage. Restez très entourant et respirez à l'unisson de son souffle.

Pour terminer

Quelques minutes de relaxation silencieuse en **savasana*** permettront de laisser infuser dans le corps tous les bienfaits de cette douce séance.

SÉANCE 5

L'empathie

(Toutes les postures proposées ici sont à réaliser en binôme parent/enfant mais aussi entre deux enfants, deux parents ou grands-parents.). Comme nous l'avons souligné dans le topo, Jules et Jeanne s'ouvrent petit à petit au monde, à ses surprises infinies mais aussi à ses limites, à la difficulté de vivre en collectivité... Cette séance est dédiée à l'empathie, à l'écoute de l'autre, à la collaboration, à l'entraide. Les postures à deux développeront la complicité plutôt que la compétition, la confiance en l'autre plutôt que la défiance. Enjoy !

Trucs & astuces pour l'ensemble de cette séance

Adaptez-vous à la taille de votre enfant si vous pratiquez en duo avec lui. Cela ne vous empêchera aucunement de vous étirer ! N'hésitez pas aussi à montrer la posture seule (puisque ce sont des postures à part entière) et à partager les illustrations.

Respiration du cœur

Assis dans une position confortable, mains fermement appuyées sur les cuisses, ouvrez le cœur en inspirant par le nez et en basculant la tête en arrière, puis expirez chaleureusement par la bouche en rentrant le menton vers le sternum et en arrondissant tout le dos au maximum. Recommencez plusieurs fois en imaginant que, à chaque inspire, vous faites rentrer de l'air pour gonfler votre cœur qui prend de plus en plus de place dans votre poitrine.

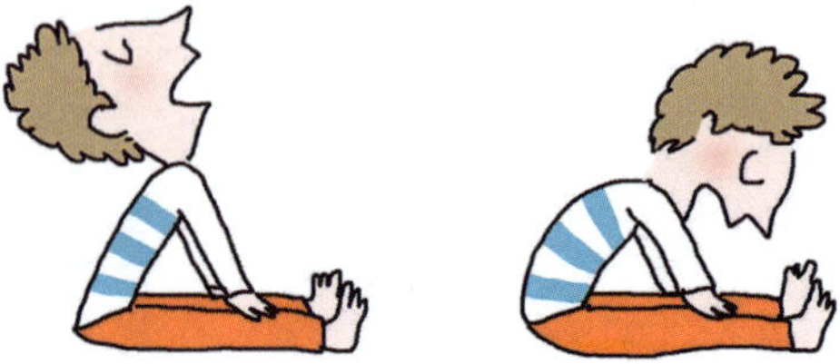

“ Partager la thématique du jour : EMPATHIE

« Sais-tu ce qu'est l'empathie ? Un très joli mot qui rime avec sympathie. Être en empathie c'est réussir à se mettre à la place de l'autre, à être heureux quand il est heureux, avoir mal quand il souffre ou être triste quand il est triste. C'est un peu comme un partage des sentiments. Le yoga nous aide à prendre conscience de nous, petit à petit, à nous aimer simplement. Quand on s'aime, on arrive mieux à aimer les autres et à ressentir de l'empathie pour eux. Pratiquons, pratiquons… et aimons-nous ! »

Échauffement : le prunier qui perd ses prunes

Pour démarrer, nous vous invitons à réaliser ce petit échauffement défoulatoire consistant à se secouer comme un prunier dans tous les sens puis à secouer son partenaire.

- Pendant quelques instants, **agitez bras, tête, buste, bassin et jambes,** sans y mettre trop de force. Impulsez un mouvement, le reste du corps est à l'écoute et suivra le geste. Ne laissez aucun membre en reste, même vos orteils ou vos oreilles ont besoin de se détendre. Jeanne et Jules sauront très naturellement rentrer dans cette danse un peu folle, imitez-les !

- Puis face à face, Jules attrape un poignet de Jeanne, Jeanne attrape l'autre poignet de Jules. **Chacun va secouer le bras de l'autre en synchronisation,** doucement puis plus énergiquement. L'empathie joue ici tout son rôle car Jules et Jeanne doivent chercher à s'échauffer l'un l'autre sans se faire mal !
- Ensuite **Jules attrape une jambe de Jeanne** levée à 90° et lui donne sa jambe « miroir » qu'elle attrape de la même façon pour former une belle figure géométrique. Restez à côté le temps qu'ils trouvent chacun leur équilibre. Puis à nouveau, chaque enfant va secouer le membre de l'autre, de façon fluide et avec gentillesse, en veillant à maintenir l'équilibre global de leur duo.

Bon à savoir

Commencez doucement puis augmentez l'intensité des mouvements. Cet excellent échauffement réveille et active l'ensemble du champ vibratoire et va permettre au corps de se mettre en éveil, à l'écoute des postures suivantes et des signaux qui lui seront envoyés par le souffle.

Flexion avant debout dos à dos : la double pince !

- Après cet échauffement, restez debout et installez-vous dos à dos.
- Penchez-vous vers l'avant et si possible posez vos mains à plat par terre : vous faites la pince.
- Les genoux peuvent être pliés à la seule condition que vos fesses et celles de Jules restent toujours collées le plus possible.
- Attrapez doucement Jules par les épaules afin d'aller plus loin dans la flexion avant sans aucune douleur.
- Ne forcez pas, respirez en visualisant les zones « qui font mal », laissez-vous aller et profitez pleinement de la détente procurée par cette posture.

- Lâchez les bras et remontez en même temps tout doucement, vertèbre après vertèbre, jusqu'à ce que vos dos se retrouvent à nouveau l'un contre l'autre.
- Recommencez plusieurs fois. Cet étirement est tellement bénéfique, profitez-en !

Bon à savoir

Est-il utile de préciser que la posture de la pince étire l'arrière des cuisses, les genoux et le bas du dos ? Travailler avec la respiration prend ici tout son sens pour en tirer les bénéfices.

Posture d'équilibre : l'arbre à deux troncs

- Remontés de la pince debout, vous êtes toujours dos à dos.
- Mettez vos mains en prière devant votre poitrine.
- Montez un pied sur le mollet ou la cuisse de la jambe opposée. Jules monte sa jambe opposée, son poids va vous aider à maintenir votre équilibre.
- Montez vos mains vers le ciel (en gardant vos épaules baissées) et attrapez si possible une main ou un poignet de l'autre pour unir vos arbres.
- Restez ainsi quelques respirations, en sentant à quel point la solidité de votre arbre à deux troncs est liée à l'unité de ses branches.
- Redescendez doucement et changez de jambe.
- À la fin de la posture, retournez-vous et regardez-vous dans les yeux pour finir cette belle posture en duo dans la plus merveilleuse des complicités.

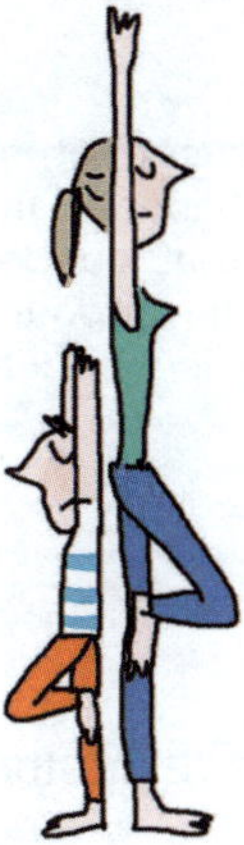

Jules & Jeanne sont sur un bateau...

Face à Jules, asseyez-vous tranquillement sur vos fesses, genoux pliés devant vous.

Pieds flex*, attrapez vos poignets, collez vos plantes de pieds, puis doucement basculez chacun en arrière en gardant les mains ensemble et les pieds collés pour que les jambes montent et se retrouvent en haut tendues, formant une jolie voile de bateau.

Chacun doit trouver l'équilibre sur son « pont », sans déséquilibrer l'autre, dans le respect de la posture globale. Bras et jambes tendus, avec une respiration calme, associez au regard un immense sourire. Le bateau vogue tranquille.

Bon à savoir

Pensez à garder le dos bien droit, n'arrondissez pas les lombaires. Tête et nuque alignées dans le prolongement de la colonne vertébrale éviteront tout bobo. Il vaut mieux privilégier le dos plutôt que de forcer pour avoir les jambes tendues. Gardez-les légèrement pliées si besoin.

Le serpent traverse la rivière... en se glissant sous le pont

Il s'agit ici de combiner 2 postures que vous connaissez déjà bien :

Le **serpent** est expliqué à la 1re séance de ce chapitre, mais Jeanne et Jules sauront vous le montrer car c'est généralement la posture adorée des enfants.

Le **demi-pont** est une posture simple à réaliser et excellente pour tonifier fessier, dos et abdomen.

Le demi-pont

- Allongez-vous sur le dos, bras le long du corps, paumes contre le sol. La tête est droite dans le prolongement de la colonne, le menton est légèrement rentré vers la poitrine.
- Pliez les jambes, pieds ouverts à la largeur des hanches, étalés à plat sur le sol. Vous devez pouvoir toucher vos talons du bout des doigts.
- En inspirant (fesses et périnée serrés pour les parents), levez le bassin le plus haut possible vers le ciel.
- Maintenez la posture quelques respirations, en mettant de la force dans les talons pour que le corps monte un peu plus sans effort.
- Restez bien appuyés sur vos épaules mais ne les crispez pas et souriez pour détendre magiquement l'ensemble du corps, cela rendra la posture moins intense.

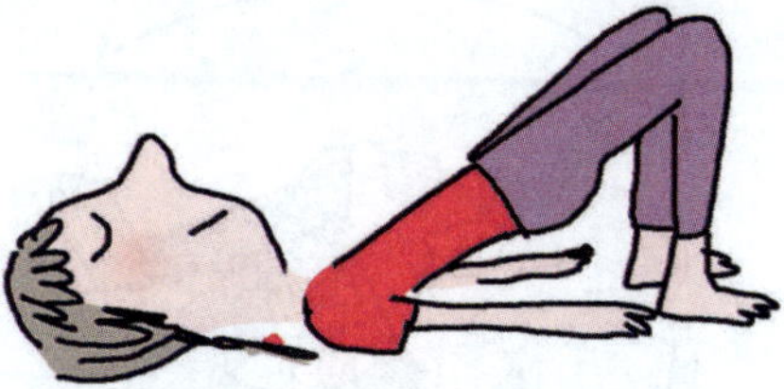

Serpent sous demi-pont

Maintenant que vous maîtrisez les deux postures, il est temps de les combiner !

Jeanne devient un serpent qui rampe tandis que vous vous figez en demi-pont sous lequel elle va venir se glisser. Quand elle a dégagé sa tête de dessous le pont, invitez-la à la lever autant que possible en la gardant dans l'axe du dos, les épaules éloignées des oreilles. Si vos bras gênent le passage, vous pouvez les allonger loin au-dessus de votre tête, c'est aussi une variante du demi-pont.

Bon à savoir

Ici, il sera difficile pour vous de changer de rôle (quoique… c'est toujours rigolo d'essayer, vous casserez sans doute le pont !) mais vous pouvez pratiquer avec deux enfants ou plus, afin que chacun profite à tour de rôle de cette petite aventure. Apprenez néanmoins la posture du demi-pont à Jeanne et Jules en veillant à ce qu'ils gardent les pieds toujours à plat, les bras en appui sur le sol.

Fin de posture

Quelques respirations en culbuto seront nécessaires après ces deux postures qui mobilisent beaucoup le dos. Soufflez fort par la bouche, avant de rouler vers l'avant pour vous redresser sur vos pieds, si possible sans les mains !

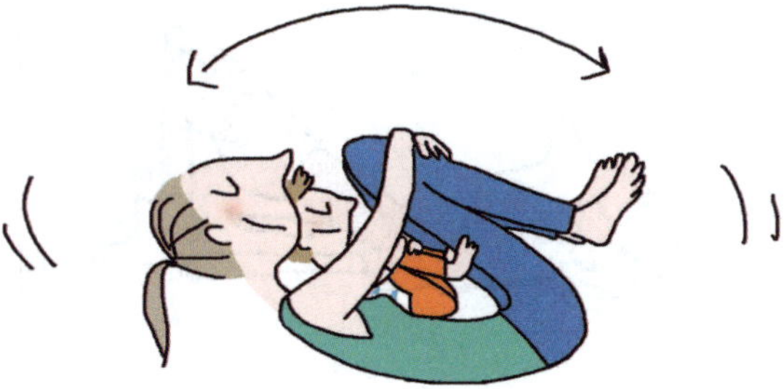

Le câlin de l'enfant et du poisson

Voilà deux postures que vous connaissez également si vous avez fait les séances précédentes.

- Jules va se placer en **posture de l'enfant***.
  - assis sur les talons, bras le long des jambes, mains près des pieds et front au sol.
- Jeanne va venir se placer en douceur dans la posture du poisson sur Jules.
  - Elle pose son dos sur le dos de Jules puis laisse aller sa tête contre celle de Jules, cou doucement étiré vers l'arrière, gorge et cœur ouverts.
  - Ses bras retombent sur le côté ou au-dessus de sa tête mais ses jambes restent toniques pour éviter qu'elle ne tombe.

La posture combinée doit être agréable pour les deux enfants, suffisamment pour qu'ils la maintiennent pendant quelques respirations.

Bon à savoir

La **posture de l'enfant*** entraîne une respiration plutôt ventrale et une détente vers la terre. La posture du poisson est plus ouverte vers le ciel avec une respiration thoracique. Combiner et alterner les deux est très bénéfique...

Fin de posture

Changez les rôles en sortant à chaque fois très lentement de la posture.

Si vous pratiquez en duo parent/enfant : vous prendrez logiquement la **posture de l'enfant*** et votre enfant se reposera sur vous en poisson. Si vous le sentez en confiance et en équilibre, vous pouvez attraper ses mains au-dessus de votre tête.

La presse automassante

Pour arriver tranquillement vers la fin de la séance, allongez-vous sur le dos, jambes repliées sur le ventre, bras le long du corps et paumes contre le sol. Mettez vos pieds en position **flex***.

La presse

Invitez Jules à venir poser son ventre sur la plante de vos pieds, à vous donner les mains et presser le poids de son corps sur vous vers l'avant en expirant. Double effet massage ! La pression de vos pieds sur son abdomen va agir comme un massage et son poids sur vos jambes va détendre tout votre centre mais également les reins et le bas du dos. C'est la magie de la « presse ».

L'avion

Vous pouvez ensuite prendre Jules « en avion », en amenant vos pieds à la verticale, plantes vers le ciel pour le faire voler. Son corps doit rester tonique, jambes et bras bien tendus au maximum, regard vers l'horizon. Les enfants ADORENT l'avion ! Reposez-le en douceur.

De dos

Au tour de Jeanne maintenant. Reprenez votre position du départ mais cette fois Jeanne s'assied sur vos pieds, dos à vous. L'équilibre est plus instable mais le petit massage procuré sur le bas de son dos par vos plantes de pieds lui sera très agréable.

Il est possible d'échanger les rôles ! Jules ou Jeanne s'allongent sur le dos dans la position de départ. Vous êtes à genoux et posez votre ventre sur ses pieds. Bien sûr, vous ne pouvez pas laisser aller tout votre poids et Jeanne ne pourra pas vous porter ! Mais si vous êtes à l'écoute de ses possibilités et que vous « trichez » un peu, elle pourra recevoir cette presse agréable sur le ventre.

La clef de la réussite du duo reste l'écoute et le regard !

Relaxation active : l'étoile de mer

- Allongez-vous sur le dos, têtes opposées et yeux fermés.
- Dans une grande sensation de détente, écartez bras et jambes, comme si vous étiez une étoile de mer.
- Ensuite, sur l'inspiration, placez les bras au-dessus de votre tête et cherchez à prendre les mains de Jules ou de Jeanne ou des deux, puis expirez en posant vos mains nouées loin derrière vous.
- Inspirez de nouveau en levant toutes les mains vers le ciel puis expirez en lâchant les mains et en reposant les bras en étoile de mer.
- Recommencez plusieurs fois cet exercice. L'idéal est de l'effectuer dans le silence, à l'écoute de la respiration de chacun.

Trucs & astuces

Au début, vous allez chercher vos mains, rire, vous rater, ce n'est pas grave ! Prenez soin de bien vous positionner par rapport à l'enfant, ni trop près ni trop loin, en évaluant la distance nécessaire pour pouvoir attraper ses bras et les poser au sol. Être bien placés dès le départ aidera à garder la concentration et le calme instauré progressivement pendant la séance. Laissez aussi Jeanne ou Jules guider, sans parole, uniquement sur le rythme de la respiration.

Bon à savoir

Cette variante de yoga, appelée aussi « partner yoga », est une pratique de plus en plus populaire d'exploration des postures en duo, qui peut se pratiquer également en « acroyoga », c'est-à-dire en yoga volant.

Conclusion

La pratique en duo, entre adultes ou avec des enfants, permet de découvrir des sensations inédites et profondes dans une atmosphère de complicité. En se soutenant mutuellement, en accordant ses mouvements respiratoires, les postures s'enchaînent avec une conscience partagée, chacun étant ajusté par rapport à l'autre, afin de trouver équilibre et stabilité.

SÉANCE 6

Le temps

Dans cette séance, à la découverte du monde animalier, nous vous proposons de travailler sur deux concepts fondamentalement liés à la pratique du yoga, le temps et la respiration, dans une alternance de postures statiques et dynamiques que les enfants adorent autant que nous.
Si Jules et Jeanne commencent à être assez grands pour s'approprier petit à petit ce qu'est le temps, le yoga les invite justement à l'arrêter et à savourer le moment présent. Respirer pleinement pendant les séances va leur permettre de s'épanouir dans les postures mais aussi dans la vie de tous les jours, ce dont ils vous seront TRÈS reconnaissants…
Rappelez-vous : notre vœu le plus cher est que le yoga infuse doucement tous ses bienfaits dans votre quotidien !

Respiration de l'abeille

- Asseyez-vous en tailleur.
- Bouchez vos oreilles avec vos mains à plat.
- Inspirez par le nez puis expirez en imitant le son des abeilles « bzzzzzzzzzz ». Allez au bout du souffle.
- Recommencez plusieurs fois, d'abord bouche ouverte, puis progressivement bouche fermée.

Trucs & astuces

Essayez de synchroniser vos respirations pour accompagner votre enfant vers une expiration complète, pas toujours évidente à maîtriser. Comme vous avez tous les oreilles bouchées, chacun doit être « à l'écoute » par le regard.

Bon à savoir

Cette respiration sonore provoque des vibrations dans tout le haut du corps, relaxantes même si le « bzzzz » peut chatouiller un peu le palais au début. Demandez à Jeanne ou à Jules d'identifier dans quelle partie du corps ils ressentent la vibration : le crâne, les dents, la poitrine... ?

“ Partager la thématique du jour : TEMPS

« Observe les animaux autour de toi : ils ne sont jamais pressés. Joyeux ou parfois affamés, ils savent néanmoins toujours prendre le temps de vivre chaque instant. Fais comme eux, prends le temps d'explorer le monde, de sentir, de humer... N'oublie pas que tu as le temps de faire tout ce que tu veux, tu as le temps de bien grandir, de respirer, de choisir ce que tu aimes faire et de le faire. N'oublie jamais de profiter de la vie, même si maman te dit souvent “dépêche-toi” à l'heure de t'habiller... Tout ce que tu fais, savoure-le. »

Le chien tête en bas*

Après sa longue balade, le petit chien de Jeanne n'aime qu'une chose : prendre le temps de s'étirer le dos et les jambes.

- De la position en tailleur, passez à 4 pattes avec les jambes et les bras tendus, la tête dans le prolongement du dos et les mains étalées bien à plat sur le sol, pouce et index écartés en angle droit pour avoir le plus d'appui possible dans la main.

- Levez les fesses vers le plafond en tendant les jambes et prenez le temps de faire 5 longues respirations.

Trucs & astuces

Pour parfaire l'étirement, vous pouvez l'ajuster en vous plaçant derrière Jeanne. Amenez doucement son bassin vers l'arrière en veillant à ce qu'elle garde les mains au sol. Elle pourra ainsi commencer à ressentir l'articulation du corps permise par cette posture si bénéfique.

Le dauphin

Libre et détendu, plongez maintenant avec Jules là où le temps s'arrête… dans l'océan, tel le dauphin !
Repassez à 4 pattes puis :

- Déposez vos avant-bras sur le sol, entrecroisez les doigts, et déposez votre tête entre vos mains sans vous cambrer, et sur une inspiration, levez les genoux en tendant les jambes.
- Tirez vos hanches vers l'arrière pour continuer à déplier vos genoux jusqu'à poser vos talons sur le sol si possible.
- Vos épaules ne s'affaissent pas, au contraire, elles s'éloignent le plus possible de la tête.
- Tenez la posture pendant quelques respirations, laissez ses bienfaits infuser doucement, vous avez le temps.

- Balancez un peu vos fesses pour détendre votre dos et nager de façon aérodynamique !

Fin de posture

Redescendez à 4 pattes et, avant de continuer l'exploration, prenez le temps de vous reposer en **posture de l'enfant***.

La tortue

- Assis sur vos fesses, genoux pliés et pieds à plat au sol, écartez vos jambes le plus lentement possible, en gardant les pieds sur le sol.
- Penchez-vous vers l'avant en arrondissant légèrement le dos comme une carapace.
- Toujours très lentement, passez vos bras sous vos genoux, si possible paumes de mains à plat sur le sol et les bras étirés loin derrière vous.
- Tenez cette posture calmante pendant quelques respirations, la tête rentrée, puis relevez-la doucement (attention à la nuque) en souriant.
- Rentrez-la et sortez-la à nouveau comme une petite tortue tranquille qui découvre le monde autour d'elle.

Fin de posture

- Sortez tranquillement de la carapace.
- Roulez sur le dos et secouez les bras et les mains au-dessus de vous pour désengourdir tous vos membres qui ont été « tortufiés » par la posture précédente.
- Bien détendus, roulez sur le côté pour repasser à 4 pattes.

Cette petite tortue n'a rien d'autre à faire de ses journées que de regarder passer le monde en le saluant poliment, vous allez avoir la chance de faire maintenant une rencontre amusante : un animal qui perd (ou fait perdre…) souvent patience !

L'âne qui rue

S'il y a bien un animal qui a un rapport au temps bien à lui, c'est l'âne ! Il peut aussi bien s'entêter et décider de se mettre en mode « arrêt » pendant un temps indéfini, que perdre patience et nous surprendre par une véloce agilité à se fâcher !

- À 4 pattes, vos bras, votre dos et vos jambes doivent former un beau carré.
- En appui sur les orteils, montez à nouveau vos fesses vers le ciel en répartissant bien le poids du corps entre l'avant et l'arrière.
- Quand votre âne perd vraiment patience : il est obligé de ruer, c'est-à-dire de lancer les deux pieds en même temps en arrière. Entre chaque ruade, reprenez bien le contact avec le sol et expirez.
- Après 4 ou 5 ruades, pieds au sol, pliez les genoux et réinstallez-vous tranquillement dans la **posture de l'enfant***.

Fin de posture

Relevez vous pour revenir en **posture de la montagne***.

Le flamant rose

Comment un flamant rose passe-t-il donc ses journées ? Debout sur une jambe à ne rien faire bien sûr ! C'est à votre tour. Prenez votre temps car IL N'Y A PAS D'URGENCE.

- En position debout, pliez le genou gauche et amenez le pied gauche par-dessus la jambe droite.
- Si vous êtes à l'aise, enroulez ce pied autour de la jambe en coinçant les orteils derrière le mollet et essayez de plier un peu les jambes comme un flamant rose.
- Si vous êtes bien, joignez les mains en prière devant la poitrine et laissez le temps passer.
- Si vous êtes TRÈS bien, pliez les bras et passez le bras droit par-dessus le bras gauche, coudes serrés et joignez à nouveau les mains en prière devant la poitrine, doigts pointés vers le ciel.
- Essayez de lever ce « nœud de bras et de mains » le plus haut possible. Respirez, respirez, respirez…
- Puis déliez doucement bras et jambes et inversez, en pensant à passer cette fois le bras gauche au-dessus quand la jambe gauche sera cette fois à terre.

Vous êtes de jolis flamants roses, tête bien droite, regard souriant et esprit tranquille.

Bon à savoir

Cette formidable posture d'équilibre améliore la flexibilité des genoux tout en renforçant les muscles des jambes. Pour l'optimiser, veillez à ne jamais monter les épaules vers les oreilles et à rester détendu, en soufflant fortement par la bouche si nécessaire.

Trucs & astuces

Si Jeanne est encore un peu confuse entre sa gauche et sa droite (rassurez-vous, nous aussi !) voici un petit truc qui marche bien pour l'aider dans les postures d'équilibre nécessitant de synchroniser main gauche/pied gauche et main droite/pied droit. Sortez de votre besace de Mary Poppins des gommettes autocollantes et collez sur le dessus de sa main gauche et de son pied gauche une gommette de couleur rouge. Sur le dessus de la main et du pied droits, collez une gommette bleue. Ainsi vous pourrez lui indiquer la couleur à passer au-dessus de l'autre dans la posture et éviter les confusions qui risquent parfois d'entraîner des chutes maladroites !

Fin de posture

Remontez doucement et secouez les jambes, les pieds et les chevilles pour bien vous délier car vous ne comptez pas rester planqué dans cette mare aux flamants toute la journée !

Le vieux singe savant

C'est bien connu, on n'apprend pas à un vieux singe à faire la grimace ! Un vieux singe sait tout sur tout car il a le temps d'observer, posé presque au sol dans sa posture de sage.

- Mettez-vous accroupi, les pieds en éventail, ouverts de la largeur du bassin, bien à plat. Écartez les genoux vers l'extérieur (ils doivent arriver pile au-dessus de vos pieds).
- Placez ensuite vos bras devant vous, à l'intérieur des jambes. Calez les coudes contre vos genoux, mains en prière au niveau du sternum.
- Les genoux poussent vers l'intérieur et les coudes vers l'extérieur.
- Détendez le bassin en le laissant aller vers le sol, restez dans la posture, respirez, souriez et observez tranquillement tout ce qu'il se passe autour mais aussi à l'intérieur de vous.

Bon à savoir

Cette posture tonifie les jambes, les pieds, tout en étirant le bas du dos et en ouvrant les hanches. Elle facilite également un bon transit par le massage des organes digestifs.

Trucs & astuces

Si vous avez des difficultés à tenir l'écart ou l'équilibre, vous pouvez balancer légèrement le poids du corps d'avant en arrière (des orteils aux talons). Vous aurez une meilleure conscience des points d'appui sur lesquels vous vous sentirez le plus à l'aise. Jeanne n'aura pas mal aux genoux normalement (sauf en période de croissance), ce qui peut ne pas être le cas pour vous ! Posez vos fesses sur une brique de yoga si besoin.

Fin de posture

Voici pour finir une relaxation ludique et très efficace à faire justement… quand on a peu de temps ! C'est une jolie pratique méditative proposée par Aurélia Lanson, fondatrice de « Meditation and the City ». Lisez ou écoutez le texte arrivant en flashant le code ci-dessous[1].

1. http://media.flammarion.org/jailu/zenunjeudenfant/5.mp3

1 minute de respiration avec ses mains

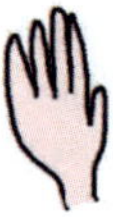

Vous pouvez maintenant vous asseoir tranquillement en tailleur.

Tu commenceras par la main gauche ou la main droite, comme tu veux.

Si tu as choisi la main gauche, mets cette main devant toi et avec l'index de la main droite, remonte le long de ton pouce, fais une très légère pause quand tu arrives au sommet du pouce. Puis redescends de l'autre côté du pouce. Fais la même chose très doucement pour chaque doigt de la main, un doigt après l'autre, comme si on dessinait les contours de la main avec l'index de la main opposée. N'oublie pas de respirer ! À l'inspiration, tu montes, à l'expiration, tu descends.

Quand tu as fini avec la première main, change et refais la même chose avec la deuxième.

N'hésite pas à faire ce petit exercice plusieurs fois d'affilée si tu en as envie, ou à le refaire à chaque fois que tu en ressens le besoin dans la journée, pour t'offrir un petit moment avec toi-même.

SÉANCE 7

La créativité

Nous l'avons dit plusieurs fois, les jeux des enfants évoluent au gré des jours, leur créativité aussi. Le yoga constitue un excellent stimulant de créativité et c'est un des objectifs de ce livre : mettre en avant l'imagination infinie de Jules et Jeanne, tout comme la vôtre !

Préambule à la séance

Vous allez expérimenter maintenant des postures originales, voire rocambolesques, qui ne seront pas forcément aisées à réaliser au début mais qui vous procureront à tous une grande joie.

Nous avons délibérément imaginé une séance, exigeant étirement, tonus musculaire et concentration, pour aller progressivement vers un grand état de calme régénérant.

Nous vous recommandons de la proposer à Jeanne en fin d'après-midi ou début de soirée car elle permettra de libérer son éventuel trop-plein d'énergie accumulé par une (trop) longue tenue assise en classe, pour lui apporter un sentiment d'apaisement et de bien-être profond à la fin.

Commencez par vous allonger en **savasana***.

Respiration : mais que se passe-t-il à l'intérieur de mon ventre ?

Grâce à un doudou, un petit ballon en mousse ou un simple petit coussin, faites prendre conscience à Jules de ce qu'il se passe dans son ventre quand il respire.

Posez le coussin sur le ventre de Jules et invitez-le à le regarder, puis à essayer de le faire « voyager » comme s'il était une vague. Son petit ventre monte et descend, le coussin aussi, sans qu'aucune autre partie du corps ne soit mobilisée pendant l'exercice. Veillez à ce que tous ses membres soient totalement détendus.

Des glouglous vont sûrement arriver, signe du relâchement des organes intestinaux permis par la respiration. Laissez libre cours à votre imagination pour les transformer en dialogue guttural entre le ventre et le coussin, ravis de surfer ensemble !

Dès que Jules a pris conscience de sa respiration ventrale, vous pouvez placer le coussin sur sa poitrine et de la même manière, essayez de le faire voguer grâce à une respiration thoracique, en ouvrant les côtes à l'inspiration et en les refermant à l'expiration, sans jamais forcer.

Bon à savoir

Pour une séance du soir, essayez de ralentir votre respiration ; allongez l'inspiration et marquez un temps de pause après la lente expiration. N'étouffez pas vos bâillements, accueillez-les avec délectation en ouvrant fortement la bouche, pour une détente profonde de tous les muscles faciaux !

“ Partage de la thématique du jour : CRÉATIVITÉ

« Ta tête est bien faite, elle est pleine d’idées géniales, le jour comme la nuit. Ton corps est son complice car il peut tout réaliser, avec une agilité, parfois surprenante ! Grâce à lui, tu vas pouvoir inventer et réaliser toutes les drôles d’idées que tu as en tête. Laisse libre cours à ton imagination, ta créativité te rendra fort et fier ! »

La montagne

Avant de vous lancer dans des postures originales, voire acrobatiques, prenez un temps pour vous concentrer tous ensemble dans la simple **posture de la montagne***.

Fixez votre **drishti*** et restez tranquillement dans la posture, tout le corps mobilisé dans cette immobilité bien plus difficile à maîtriser qu’il n’y paraît. C’est le temps de mettre le cerveau sur « pause » afin de l’oxygéner, pour mieux laisser le champ libre à sa créativité.

Trucs & astuces

Vous pouvez varier cette posture que vous connaissez bien maintenant. Pratiquez les mains en prière contre le sternum, montez sur les pointes, levez les bras vers le ciel, tenez la posture les yeux fermés… c’est le moment D’INVENTER en maintenant toujours le dos droit et tonique et sans jamais bloquer la respiration !

Le danseur indien

- Placez-vous en **posture de la montagne***, à l'avant de votre tapis.
- Pliez la jambe gauche en arrière de façon à ramener le talon vers les fesses.
- Puis, en même temps que vous allez éloigner le pied gauche le plus possible derrière vous, sans forcer, cheville toujours dans la main, montez le bras droit dans le prolongement de votre épaule. Les doigts de la main droite sont pointés vers le ciel et toniques, pouce et index appuyés l'un contre l'autre. La **jambe de terre*** reste bien tendue et ferme dans le sol.
- Quand vous êtes stabilisé en équilibre sur une jambe, inclinez votre buste vers l'avant afin d'étirer la jambe gauche en éloignant encore votre cheville de votre fessier, dans une jolie figure d'arabesque. Pour éviter de piquer du nez, jolis danseurs, ne vous penchez pas trop (environ 30 °), gardez le dos droit sans cambrer et regardez loin devant vous. Vous êtes beaux, vous êtes bien, vous respirez tranquillement.
- Recommencez ensuite tout l'enchaînement avec la jambe droite étirée en arrière, puis prenez le temps de secouer vos jambes et chevilles quand la posture d'équilibre est terminée.

Bon à savoir

Voici une posture digne de la danse classique ! Elle travaille sur le renforcement musculaire des jambes via l'étirement profond, tout en insistant sur la concentration nécessaire à l'équilibre. Elle ouvre également la cage thoracique, préparant agréablement le corps aux postures suivantes.

Trucs & astuces

- **Faites attention à ce que les deux hanches de Jules restent** alignées de face. Le secret est de bien étirer son dos au départ de la posture en inspirant « vers le ciel ».
- **Vous pouvez ramener le genou gauche vers le front** avant de reposer la jambe, cela soulage le dos **comme une contre-posture*** en arrondissant le dos et en repliant un peu la **jambe de terre***.
- **Si Jules a besoin d'aide au début, invitez-le à s'appuyer sur un** mur avec la main de devant ou faites la « parade » auprès de lui.

L'aigle au regard aiguisé

Replacez-vous dans la **posture de la montagne*** et imaginez un animal royal venu des cieux… C'est l'aigle qui part en chasse et guette sa proie, majestueux et immobile, les yeux vifs.

- Comme dans la posture du flamant étudiée dans la séance précédente, pliez la jambe gauche et croisez la jambe droite par-dessus, comme si vous étiez assis jambes croisées. Puis enroulez complètement votre pied autour du mollet, et gardez le dos droit.
- Pliez vos bras à 90° et procédez à un « double nœud ». Votre coude droit se place « dans » le coude gauche et les mains se croisent pour se rejoindre plus haut.

Trucs & astuces

Cette posture semble un peu compliquée à lire. Vous pouvez l'essayer seul pour prendre « le coup de main ». Il faut bien penser à alterner les croisements, toujours dans un souci d'équilibre du travail sur le corps.
Vous pouvez commencer en ne croisant que les bras de chaque côté puis les jambes. Les enfants peuvent aussi pratiquer la posture en s'adossant au mur.
N'hésitez pas à réutiliser les gommettes de couleur avec Jeanne pour ne pas croiser deux fois le même bras sur l'autre !

Maintenant que vous êtes bien « croisé », procédez à un double étirement :

- Essayez de plier les jambes le plus bas possible comme si vous vouliez vous asseoir accroupi.
- Et en même temps amenez les mains vers l'avant, comme pour déplier les coudes. (La principale contrainte est que le dos et le cou restent toujours alignés, même s'ils penchent un peu vers le sol.) Plus vous allez réussir, sans décroiser les mains, à avancer vos coudes et vos bras vers l'avant et vers le haut, vos doigts guidant votre regard aiguisé, plus l'aigle sera prêt à prendre son envol et repérer sa proie.
- Recommencez avec le croisement inverse : la jambe droite se plie, la gauche est croisée par-dessus. Le coude gauche se place dans le coude droit et les paumes de mains se rejoignent.
- Enfin secouez jambes et bras majestueusement quand l'aigle s'envole, regard perçant bien concentré.

Bon à savoir

Cette posture « nouée » est un défi que l'on prend toujours plaisir à réaliser.
Elle tonifie les cuisses et étire les bras, les épaules et les articulations des poignets, auxquelles on oublie bien souvent de prêter attention alors qu'elles sont tant sollicitées par nos petits écoliers qui « grattent » du papier toute la journée, ou par l'usage intensif des claviers et souris !

L'archer et ses flèches

D'aigle prédateur transformez-vous en archer chasseur ! Proposez à Jules de fermer les yeux quelques secondes et de se visualiser maintenant en Robin des bois.

- Assis sur les fesses, jambes tendues devant vous, pieds **flex*** et mains posées au sol juste derrière vos fesses, vous êtes dans une des assises de base du yoga dite « **posture du bâton planté*** ».
- Inspirez en tendant les bras à la verticale, au-dessus de la tête.
- Expirez et pliez-vous en deux, le dos aussi droit que possible, comme si vous vouliez attraper vos orteils.
- Saisissez votre gros orteil droit entre l'index et le pouce droit et remontez à l'inspiration, dos toujours parfaitement droit.
- En levant votre jambe droite pliée comme si vous tendiez votre flèche dans votre arc, amenez votre pied aussi près que possible de votre oreille droite.
- Regardez droit devant vous, concentré sur votre cible et prenez plusieurs respirations.
- Puis ramenez votre pied pour recommencer avec la jambe gauche.

La transition doit se faire calmement en passant par la posture du **bâton planté*** avec une respiration complète et le regard fixe. Sans cette concentration, aucun archer ne peut tirer dans le mille !

Trucs & astuces

Pour aller un peu plus loin… peut-être que Jules pourra amener son pied derrière sa tête… et vous aussi, qui sait ! ? Essayez (sans vous blesser…)

Le papillon de printemps

Après avoir bien ouvert les hanches et assoupli le bas du dos grâce à notre archer, nous vous proposons de revenir dans la position du tailleur mais en collant les plantes de pieds l'une contre l'autre et en chapeautant vos pieds avec vos mains. En respirant amplement, faites monter et descendre vos genoux, comme des ailes de papillons et variez les rythmes en chantonnant « Papillon » :

Bonjour Papillon
Vive les chansons
Coucou les fleurs
Vive les couleurs
C'est le printemps, réveillez-vous
C'est le printemps, qui vient chez vous

Vous pouvez ensuite poser vos mains sur vos épaules et battre de vos quatre ailes : en même temps, en croisé, en haut puis en bas… Amusez-vous et laissez-vous guider par le rythme des ailes de papillon-Jules !

Trucs & astuces

Si besoin, n'hésitez pas à placer une brique de yoga ou une couverture pliée sous vos fesses pour veiller à garder le dos droit.

Bon à savoir

Cette posture en mouvement très complémentaire de l'archer assouplit les hanches, tonifie le dos qui doit rester droit sans tension pendant toute la posture et stimule les bras grâce aux vibrations des battements d'ailes. Elle détend également les cuisses et prépare doucement à la relaxation.

La fleur au soleil

Voilà une posture d'équilibre qui ne manquera pas d'amuser toute la famille… car personne n'a le même centre de gravité et tout le monde ne tiendra pas du premier coup !

- Assis sur les fesses, pieds à plat sur le sol, genoux bien écartés.

- Passez vos avant-bras sous vos genoux en vous penchant vers l'avant et placez vos mains à l'extérieur de vos pieds.
- Ensuite, en douceur, redressez-vous vers le ciel.
- Décollez pieds et mains puis basculez en équilibre sur les fesses… vous êtes une jolie fleur ! Ni trop en avant, ni trop en arrière, sinon c'est la roulade et notre fleur perd tout son charme ! Écartez bien vos doigts de mains et de pieds, tels de jolis pétales qui s'ouvrent d'aise au soleil.
- Restez quelques instants puis refermez doucement votre fleur. Si vous appréciez cette posture, refaites-la plusieurs fois en souriant.

Trucs & astuces

Certains enfants ou adultes arriveront à tenir l'équilibre sans y penser quand d'autres auront systématiquement tendance à basculer vers l'arrière comme si la gravité terrestre les ramenait immanquablement à leur déséquilibre naturel.
La roulade est permise à tout instant, surtout si Jeanne arrive à revenir vers l'avant sans aide. Le mini-secret (quand même…) réside dans la résistance de son centre (en gros de ses abdos… vive le Pilates !) et dans la force de son **dristhi***.

Fin de posture

Redescendez vos pétales une dernière fois pour vous installer maintenant en **posture de l'enfant***.

L'enfant heureux

Pour ramener le calme dans le corps tout en laissant s'infiltrer dans l'esprit les joies de l'imagination, stimulée par ce joli enchaînement de postures, installez votre bambin en **posture de l'enfant***.

Prenez le temps de vous placer derrière lui et de secouer doucement son bassin de droite à gauche, vos mains bien à plat sur son bas du dos, pour lui offrir un agréable relâchement du bas du dos.

Placez ensuite vos mains sur les côtés de sa cage thoracique en lui demandant d'essayer de les repousser avec son inspiration (n'hésitez pas à appuyer légèrement au début car il n'est pas aisé de gonfler son thorax dans cette posture). C'est une excellente façon pour l'enfant de prendre à nouveau conscience des drôles de choses qui se passent dans son corps et notamment de « où » se loge la respiration.

Trucs & astuces

Certains livres d'anatomie sont tout à fait adaptés aux enfants et permettent de leur montrer des images des poumons, des alvéoles, du diaphragme, du thorax… pour qu'ils comprennent mieux « comment ça se passe là-dedans », ce dont ils sont souvent très curieux. Une lecture intéressante à partager !

Relaxation en savasana*

Imagine un endroit paisible[1]
(par Aurélia Lanson, *Méditation and the city*)

Quand c'est la pagaille tout autour de nous,
on peut se sentir désorienté,
on peut avoir peur, ou se sentir triste.
On aimerait pouvoir aller dans un endroit
où on se sentirait en sécurité. Il existe un endroit comme ça
à l'intérieur de nous.
Il faut simplement fermer les yeux
et imaginer ce lieu magique, et chaque fois
qu'on en ressent le besoin, on peut retourner s'y cacher.

Ferme les yeux et imagine ce lieu idéal,
à quoi ressemble-t-il ? Est-ce une maison ? Une île déserte ?
Un château ? Y a-t-il une clôture tout autour, un portail ?
Est-ce dans la nature, à la montagne ou dans la ville ?

Prends le temps dont tu as besoin pour trouver ce lieu.

Est-ce qu'il y a des odeurs particulières,
des sons, des chants d'oiseaux que tu entends ?
Remarque pendant que tu fais ça, comment tu te sens.
Est-ce que tu te sens détendu, calme ?

Maintenant, choisis l'emplacement où tu as envie de t'installer,
un endroit pour t'asseoir ou pour t'allonger.
Ça peut être dans une pièce, sur du sable
ou au pied d'un arbre, peu importe, le plus important
c'est que tu t'y sentes bien.

---

1. http://media.flammarion.org/jailu/zenunjeudenfant/6.mp3

Observe à nouveau comment tu te sens dans cet endroit
où tu es parfaitement en sécurité.
Chaque fois que tu en as envie, ferme simplement les yeux,
sois attentif à ta respiration et reviens dans cet endroit paisible.

SÉANCE 8

Initiation au Qi Gong pour les enfants

Voici non pas un petit plus mais un GRAND plus !
Nous vous proposons de changer de pays avec une séance de Qi Gong* (prononcez « tchi-kong ») offerte par notre ami shiatsuki et maître en Qi Gong, Franck Goeury. Pour varier les plaisirs, cette séance ludique s'adresse aux bambins de 5 ans et plus car elle nécessite une certaine maîtrise du geste et de la coordination. Les mouvements étant très simples mais organisés comme une chorégraphie, plus vous pratiquerez, meilleur vous serez et moins vous aurez besoin de vous référer au livre pour guider la séance.

Éléments de définition

Le **Qi Gong*, gymnastique traditionnelle énergétique chinoise,** est particulièrement adapté aux enfants car il est composé de mouvements simples à exécuter et à retenir avec des effets bénéfiques sur la conscience du corps : respiration, latéralité, équilibre, etc. De plus, le **Qi Gong*** est souvent assimilé, à juste titre, à une **méditation** car le fait de respirer en rythme en portant son attention sur des mouvements répétés, **libère l'esprit et calme le mental de ses pensées parasites.** Il permet d'accompagner les enfants agités, anxieux ou ayant des difficultés de concentration. Les mouvements et enchaînements sont particulièrement appréciés du jeune public : chacun y met des intentions très personnelles et tout le monde s'amuse !

Échauffement

La plupart des échauffements qui suivent se pratiquent debout, pieds écartés à la largeur du bassin, épaules bien relâchées. Les genoux sont légèrement fléchis, jamais tendus. La respiration est toujours ample et détendue, sans forcer. C'est la position de base du **Qi Gong***.

Secousse des épaules

Cet exercice consiste à « rebondir sur ses genoux » en lâchant d'un coup le poids du corps. Les talons restent bien en contact avec le sol. Les épaules libres de toutes tensions montent et descendent aux rythmes donnés par les genoux qui « lâchent » et « remontent » comme des ressorts. Ce petit saut sur place est idéal pour libérer les tensions musculaires, et secouer les épaules permet de calmer la nervosité.

Le pantin agite ses bras

Détendez les épaules, les bras sont relâchés le long du corps. Le mouvement consiste à faire des rotations du bassin de gauche à droite en amenant rapidement la hanche droite vers la gauche et la hanche gauche vers la droite. Les bras sans aucune tension se laissent aller et suivent naturellement le mouvement du buste en se balançant librement, mus par le simple mouvement rotatif du corps.

Le grand ménage

Ici, il s'agit sensiblement du même exercice de **Do In*** proposé précédemment en séance 4 de ce chapitre, à savoir tapoter le torse et les flancs. En médecine chinoise, le torse est le carrefour de plusieurs méridiens et de points d'acupuncture qu'il est bon de stimuler en les tapotant avec une main légèrement creusée.

- Tapotez le torse du haut vers le bas avec la main légèrement creusée.
- Continuez en descendant sur la face interne du bras et en remontant sur la face externe du bras. Faites plusieurs passages.
- Pour finir, faites de même en tapotant l'arrière des jambes de bas en haut et en les remontant devant légèrement à l'intérieur. Recommencez.

- Terminez en secouant les doigts puis les pieds tour à tour, comme si vous vouliez débarrasser vos mains et vos pieds de petites gouttes d'eau.

Automassages

Commencez par frotter les paumes de vos mains jusqu'à ce qu'elles deviennent bien chaudes. Cela produit le son des cigales. Entre chaque automassage, frottez de nouveau vos mains.

Se débarrasser des petits soucis

Passez la main gauche sur votre front et continuez le mouvement comme pour jeter au loin les petits soucis. Alternez plusieurs fois main gauche/main droite, dans le sens de la descente.

Masser le cou

Faites glisser la main du haut du cou jusqu'à sa base en levant légèrement le menton. Alternez plusieurs fois main gauche/main droite.

Chauffer les poignets

Avec le pouce et le majeur de la main droite, enserrez légèrement le poignet gauche puis frottez-le comme si vous aviez une menotte. Relâchez la pince et recommencez plusieurs fois. Faites de même en changeant de main.

Masser le ventre

Après avoir chauffé de nouveau les mains, posez la main gauche au-dessus du nombril et superposez-y la main droite. Faites de larges cercles autour du nombril dans le sens des aiguilles d'une montre. Faites-le une première fois sur le ventre de Jeanne pour lui montrer ce fameux « sens des aiguilles d'une montre » qui est loin d'être évident, même pour les grands ! Prenez le temps de faire dix cercles, lentement, sur le ventre.

Trucs & astuces

Ce mouvement très simple est très efficace pour calmer l'esprit et le mental (angoisses, peurs...). Il est conseillé en cas de problèmes d'endormissement en appliquant sur les poignets quelques gouttes d'huile d'argan mélangées à une goutte d'huile essentielle de lavande.

Qi Gong

La position de départ de tous ces exercices consiste, debout, à écarter les pieds de la largeur du bassin. Les bras détendus le long du corps et les épaules relâchées. Un léger sourire rendra le tout encore plus agréable et efficace.

Le tigre lève ses pattes

- Mettez-vous en position de départ.
- Éloignez légèrement les coudes du corps, les paumes de mains tournées vers le sol et le bout des doigts pointant face à face.
- En commençant par l'auriculaire, fermez vos poings très lentement.
- Les poings montent lentement devant le corps le long de deux lignes verticales parallèles.
- Arrivées à la poitrine, les mains s'ouvrent et les paumes s'orientent vers le ciel.
- Continuez de monter vos mains à plat, passez devant le visage.
- Avant de tendre complètement les bras, fermez à nouveau les poings et redescendez lentement les mains parallèlement.
- Arrivées à la poitrine, les mains s'ouvrent et les paumes sont dirigées vers le sol (comme pour abaisser quelque chose).
- Elles reviennent à la position de départ.
- Recommencez 5 fois.

Le regard doit suivre les mains pendant tout l'exercice. Inspirez lentement durant toute la montée des mains et expirez lentement pendant la descente.

Bon à savoir

Cet exercice est idéal pour ralentir le rythme respiratoire, calmer le mental, fortifier les tendons et les muscles des mains.

L'oiseau vole

Ce mouvement imite le vol de l'oiseau.

- Mettez-vous en position de départ.
- Imaginez que vos bras sont des ailes, se déployant gracieusement de part et d'autre du corps et s'arrêtent à l'horizontale, dans le prolongement des épaules.
- Alors que les bras s'élèvent, le genou gauche monte lentement devant le corps. Il s'arrête lorsque la cuisse forme un angle droit avec le corps. Les orteils sont dirigés en pointe vers le sol.
- Synchronisez l'élévation des bras et des genoux en inspirant. Restez une seconde ou deux en position d'équilibre et redescendez lentement les bras comme des ailes en même temps que le genou.
- Lorsque la pointe du pied touche le sol, remontez les bras et le genou gauche mais cette fois, les bras montent au-dessus de la tête, jusqu'à ce que le dos des deux mains se rejoignent.
- Redescendez lentement les bras et revenez à la position de départ.
- Faites de même à droite, cinq fois de chaque côté.

> **Bon à savoir**
>
> Ce mouvement est très bon pour dégager les poumons, calmer la respiration et améliorer l'équilibre général du corps.

Le boxeur au ralenti

Voilà un exercice efficace pour exprimer la colère tout en la canalisant.

- En position de départ, les pieds légèrement plus écartés que le bassin et les genoux bien lâchés, fermez les poings en saisissant bien fort vos pouces.
- Amenez-les contre les hanches, leur dos tourné vers le sol, inspirez.
- Envoyez lentement, en soufflant, le poing gauche vers l'avant. À mi-chemin, faites-le pivoter vers l'intérieur afin que le dos de la main s'oriente vers le ciel. Suivez ce geste du regard.
- Une fois le bras tendu, ouvrir la main vers l'extérieur en commençant par l'auriculaire jusqu'à ce que la paume soit dirigée vers le ciel.
- Ressaisissez votre pouce bien fort et replacez lentement le poing sur la hanche en inspirant.
- Expirez en faisant le même geste à droite.
- Réalisez ce mouvement 5 fois de chaque côté.

Dompter sa boule d'énergie

- Placez-vous en position de départ.
- En inspirant, montez les mains, paumes dirigées vers le ciel, comme si elles déplaçaient une boule d'énergie.
- Une fois à hauteur de la poitrine, tournez vos mains, les bouts des doigts de chaque main se touchent presque, paumes vers le sol.
- En expirant, les mains redescendent lentement comme si vous vouliez abaisser quelque chose.
- Répétez le mouvement 5 fois, lentement.

Bon à savoir

À l'instar du yoga, les bénéfices du **Qi Gong*** pour les enfants sont de deux types : équilibre mental et bien-être physique. Ces exercices vont notamment permettre de lui apprendre à :

- canaliser et gérer son énergie ;
- drainer ses émotions négatives ;
- développer sa concentration et sa confiance en soi ;
- apprendre à contrôler sa nervosité, sa timidité ou une angoisse passagère.

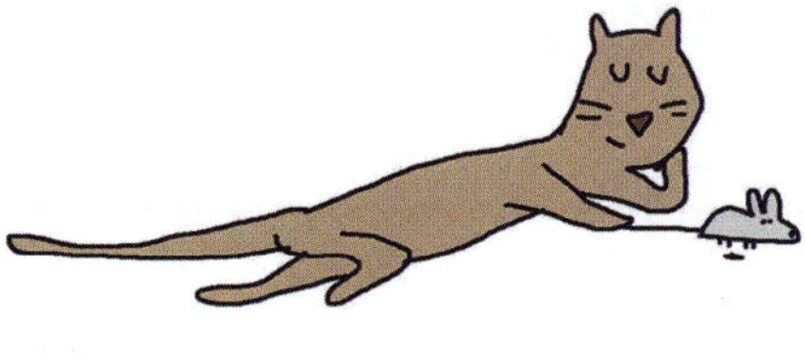

Trucs & astuces de maman yoginis

AMÉLIORER VOTRE BIEN-ÊTRE ET CELUI DE VOTRE ENFANT AU QUOTIDIEN

Prévention des maladies

Depuis plus de 5 000 ans, la médecine traditionnelle chinoise met l'accent sur la prévention des maladies en préconisant le **Qi Gong*** pour éviter certains troubles passagers ou chroniques : mauvaise digestion, constipation, énurésie, déficit immunitaire, migraine, manque d'appétit ou excès de poids résultant d'un mal-être…

Mieux respirer

Prenez garde à la façon dont vous et vos enfants respirez maintenant que vous êtes prévenus. Si possible (donc en dehors des « rhubes » hivernaux), **respirez par le nez uniquement,** même hors des séances de yoga. C'est la façon la plus saine de respirer car l'air qui passe par le nez est filtré et chauffé par les « petits poils de nez », améliorant ainsi considérablement la qualité de l'air que vous faites rentrer dans vos poumons (surtout si vous vivez en milieu urbain, suivez ce conseil plein de bon sens).

Gardez la bouche bien fermée (attention devant les écrans pour les petits qui ont tendance à tout relâcher y compris la mâchoire) et laissez la langue reposer sans tension « comme une princesse en son palais ».

Savoir maîtriser sa respiration est une aide non négligeable pour apprendre à maîtriser beaucoup de choses, à commencer par ses émotions.

Mieux manger

Pour activer une meilleure digestion et éviter les « coups de fatigue » post-repas, pour vous comme pour votre enfant, apprenez à **manger impérativement en pleine conscience,** à tous les âges et à tous les repas ! Mâchez longtemps et mangez « dur ».

- Évitez de manger devant les écrans (vous pouvez même carrément déménager la télé-tue-la-vie-de-famille installée dans la cuisine).
- Privilégiez le calme et la pleine conscience pour savourer, regarder ce que vous mettez dans votre bouche et prendre le temps d'en distinguer toutes les saveurs.
- Pour anticiper positivement la future arrivée de l'adolescence (arghhhh…), encouragez l'échange et l'humour à table… surtout face à une assiette d'épinards qui pourrait déclencher un combat cataclysmique en temps « normal ».

N'oubliez pas une règle d'or : l'incommunicabilité entre parents et enfants n'est pas une fatalité, en aucun cas !

Mieux gérer les émotions

Créez une boîte à émotions que vous partagerez pour toute la famille, afin d'y glisser secrètement tous les petits papiers portant les noms ou les dessins des grandes émotions de la vie (joie, peine, bonheur, jalousie, colère…). L'occasion pour vos enfants de vous faire passer quelques messages… auxquels vous devrez toujours prêter l'attention qu'ils méritent !

À vous ensuite d'inventer l'usage qui conviendra à votre famille : jouer avec les billets, mettre un nom sur une émotion pour apprendre à l'identifier facilement par la suite, garder tous les mots secrets… Vous pourrez aussi faire 2 boîtes, l'une pour les émotions positives, l'autre pour les émotions négatives, où les papiers circuleront d'une boîte à l'autre en fonction des circonstances…

Autre option, plus « chamanique », trouvez une « poupée tracas » sud-américaine (ou faites-la si vous êtes doué !) à offrir à Jules ou Jeanne afin qu'il puisse lui confier ses soucis, ses problèmes, ses aventures du jour au coucher (seul ou avec vous). Il la placera ensuite sous son oreiller et le lendemain matin, pouf, la poupée aura absorbé tous les problèmes !

TRUCS & ASTUCES PIOCHÉS DANS « *L'APPRENTISSAGE DU BIEN-ÊTRE PAR LE TAO** » DE MARGA VIANU

Ces derniers petits tuyaux que nous aimons beaucoup pourront vous servir à varier vos séances mais vous pouvez aussi en piocher certains pour les insérer dans votre quotidien quand vous avez peu de temps, au moment du câlin du soir ou à la sortie du bain.

- Pour détendre les jambes après une longue journée, amusez-vous à « **sucrer les fraises** » :
  - sur le dos, levez les jambes sans les tendre complètement
  - secouez tous les muscles,
- **La respiration de la vague** va harmoniser tout le corps facilement. Allongés sur le dos, imaginez que vous êtes sur une plage. Vous allez respirer en 3 temps comme si une vague chaude vous recouvrait :
  - inspirez depuis les pieds jusqu'au nombril,
  - inspirez ensuite jusqu'au plexus solaire, puis jusqu'au cou.
  - À l'expiration, la vague repart et le souffle redescend jusqu'aux pieds.

- Refaites plusieurs fois cette respiration harmonisante et nettoyante.

• Tirer la langue, c'est très bien ! Voici un exercice pour tonifier les tendons.
  - Encore une fois, partez de la position allongée et levez doucement la tête en courbant le dos vers le nombril.
  - Soulevez les bras et les jambes à quelques centimètres du sol.
  - Pliez puis écartez les doigts (pieds et mains) le plus possible.
  - Ensuite, inspirez en gonflant le ventre et expirez en faisant le « ahhhhh » du lion que nous avons déjà fait en yoga.
  - À faire 3 fois. Puis reposez-vous quelques instants sur le tapis.

Tous ces petits trucs de mamans font appel à l'imaginaire, à la pensée magique, au partage, à la gourmandise, à l'optimisme… bref… c'est tout nous !

Petite conclusion

Si Jules ne parvient pas à faire les exercices ou si vous réalisez que Jeanne réussit mieux à enchaîner les postures du chapitre I plutôt que celles de ce chapitre, ne refermez pas le livre en vous disant que ce n'est pas pour vous !

Le yoga est une leçon de patience et d'écoute de soi, car le corps peut ne pas être décidé à l'instant T à suivre parfaitement ce qu'on lui demande ou à s'assouplir pile quand vous en avez besoin. Le yoga est à l'image de la vie : un chemin parsemé de compromis pour en trouver la meilleure issue possible.

Notre propos est aussi de développer votre sens pédagogique, il en faut bien quand on devient parent ! Rassurez-vous, ce n'est pas parce que vous êtes maman-papa (parfait ou pas), ou super papi/mamie, que vous êtes intuitivement un pédagogue né. Cela s'acquiert… et vous demandera sûrement quelques efforts de résilience pour poursuivre l'apprentissage du yoga en famille face à des résultats que vous ne trouverez pas forcément impressionnants au cours des premières leçons.

Notre conseil : ne vous jugez pas, pas plus que vous ne jugerez votre enfant. Et apprenez à vous satisfaire d'une ou deux postures menées à terme durant les premières séances. La satisfaction ne repose que sur ce que vous estimerez réussi, si petit soit ce succès ! Encore une fois il n'y a pas d'objectif, pas de niveaux, ni notation, ni compétition, il n'y a que l'enjeu du bien-être individuel et du partage ludique et apaisant. Pour une fois dans votre vie, lâchez prise et écoutez-vous tranquillement…

Enfin, comme l'indique le scientifique et penseur japonais Masuru Emoto qui a étudié en profondeur l'impact des mots sur le champ vibratoire (particulièrement à travers l'eau dans *Le Miracle de l'Eau*), soyez généreux en compliments. Si à un enfant qui devait étudier pendant une heure vous dites « tu as fait de gros efforts » lorsqu'au bout d'une demi-heure il n'en peut plus, ce compliment va beaucoup plus l'encourager qu'un « travaille plus » et « applique-toi », qui apportent plus de pression que d'encouragement. Or, la pression verbale n'apportera pas plus de motivation et les études menées par Emoto prouvent que les formules de compliments stimulent l'énergie contenue dans leur corps, celle qui circule à travers l'eau.

Ainsi à chaque posture offrez un compliment, dès lors que l'intention de la posture est réelle !

PETITS BONUS
À PARTAGER EN FAMILLE

“

Si vous avez prévu de faire une séance mais constatez vite que « ça ne va pas le faire » avec vos enfants aujourd'hui, pour telle ou telle raison, prenez le temps de partager quand même un moment avec eux.

Il est primordial de ne jamais les laisser sur un sentiment de culpabilité ou d'échec, alors nous vous proposons une alternative imparable : la cuisine ! Comme le yoga, une séance en cuisine vous permettra d'être ensemble tout en développant acuité des sens et concentration.

En cadeau, voici donc quelques recettes gourmandes et sans gluten spécial kids *proposées pour vous par Delphine Malachard de Turckheim.*

RECETTES

Quiche aromatique

- 3 œufs
- 1 brique de crème fraîche liquide
- 2 cuillerées à soupe de farine sans gluten (ou fécule de pomme de terre)
- 1/2 l de lait demi-écrémé
- 1 pincée de sel, poivre, noix de muscade
- 125 g de fromage râpé
- 80 g de lardon
- 1 tomate
- Un peu d'herbes de Provence

- Mélangez bien avec un fouet (pour ne pas former de grumeaux) les 3 œufs entiers, la crème fraîche liquide et les 2 cuillerées à soupe de farine sans gluten. La Maïzena devient très fluide lorsqu'elle est mélangée avec un liquide.
- Ajoutez un demi-litre de lait, le fromage râpé et les lardons, une pincée de sel, de poivre et de noix de muscade.
- Ajoutez la tomate coupée en petits morceaux et les herbes de Provence. Goûtez et assaisonnez selon votre goût.
- Versez l'appareil dans un plat à tarte ou utilisez des moules en silicone qui permettent un démoulage plus facile. Mettez au four 30 minutes.

Le truc en plus

Afin de varier, vous pouvez ajouter des petits morceaux de mozzarella ou de chèvre frais, du jambon espagnol...

Cupcakes aux pralines sans gluten
(environ 8)

- 120 g de sucre
- 2 œufs
- 3 cuillerées à soupe d'huile de tournesol
- 1 cuillerée à soupe de levure sans gluten
- 4 cuillerées à soupe de fleur de maïs
- 4 cuillerées à soupe de pralines roses
- 1 sachet de sucre vanillé
- 1 pincée de sel

- Dans un saladier, battez au fouet les œufs, le sel et les sucres pendant 2 min jusqu'à ce que le mélange blanchisse et double de volume.
- Ajoutez l'huile, mélangez.
- Incorporez la fleur de maïs et la levure puis mélangez.
- Parsemez de la moitié des pralines.
- Versez la pâte dans des moules dans lesquels vous aurez placé de jolies caissettes en papier et disposez quelques pralines sur les cupcakes.
- Cuisez th. 6/7 pendant 10 à 15 min.

Le truc en plus

Vous pouvez remplacer les pralines par des pépites de chocolat, des baies de goji ou des fruits.

DERNIERS TRUCS & ASTUCES POUR LA ROUTE !

Nous n'allions pas vous quitter comme ça, sans partager avec vous encore quelques petites idées qui marchent bien dans la vraie vie…

En vacances

Testez le « yoga piscine » ! Amusez-vous à plonger sous l'eau en proposant chacun votre tour une posture : l'un choisit, l'autre exécute. Profitez de la résistance de l'eau pour vous transformer en impressionnant yogi indien ! Puis toujours sous l'eau chantez le « Om à bulles »… en évitant de boire la tasse !

Ce petit yoga aquatique n'est bien sûr valable QUE sur des populations sachant bien nager ;-) !

Sur le chemin de l'école

Éveillez votre sens de l'observation ! Vous allez vite réaliser que vous faites chaque jour le trajet maison-école en pilotage automatique, sans vraiment partager ce temps précieux avec votre enfant, chacun étant plongé dans ses pensées et projections de la journée.

Essayez ce petit exercice : demandez à Jules ou Jeanne de repérer chaque matin un nouveau détail sur la route, quelque chose que vous n'aviez jamais remarqué auparavant (un immeuble à l'architecture originale, un arbre aux branches étranges, un panneau indicateur étonnant, de nouvelles lumières, etc.)

C'est une approche amusante de la **pleine conscience*** (la fameuse *Mindfulness* dont nous avons déjà parlé) qui exercera autant votre attention que celle de Jules et vous offrira chaque jour un petit moment de complicité ludique pour bien démarrer la journée.

Après une séance de yoga

Essayez de remarquer à quel point vous avez les idées claires après une séance de yoga suivie de sa relaxation : le corps a bien travaillé, l'esprit est comme nettoyé et fait la place à de belles idées neuves... Nous avons nous-mêmes eu certaines idées pour ce livre en sortant d'une pratique !

Pourquoi ne pas garder près de vous un petit cahier pour écrire avec votre enfant une idée, un mot, une pensée, reflet de votre humeur après une pratique. Invitez-le à exprimer son état d'esprit et notez le mot correspondant. Il sera heureux de les relire régulièrement. Ne sous-estimez pas l'importance d'être capable, dès le plus jeune âge, de mettre des mots sur des sensations.

Le corps, notre meilleur ami

Dans toutes les séances, **Do In***, **Qi Gong*** ou yoga, prenez le temps de ressentir la différence entre le membre étiré ou automassé et celui qui n'a pas travaillé. Soyez attentifs au bien que vous vous faites, sentez l'énergie ou la chaleur générée, échangez sur vos sensations avec Jules et Jeanne.

Si ordonner la concentration ne marche sur personne (ni sur vous ni sur Jeanne ou Jules), faites confiance à votre corps en étant à son écoute pour être votre meilleur allié au quotidien. À travers le bienfait des séances, postures, automassages ou grâce aux relaxations des flashcodes de ce livre, vous avez désormais beaucoup de clefs pour orienter votre famille vers une meilleure attention générale, à soi comme aux autres.

CONCLUSION

Nous avons essayé de vous montrer que le yoga est un art de vivre doux et ludique, pas une pratique éthérée et abstraite ! Le yoga et ses autres voies permettent d'atteindre un grand lâcher-prise (bien plus facilement qu'avec un simple sport), nous en bénéficions tous, enfants, parents, lors des séances, et encore plus après.

Être en conscience

L'autre grand bienfait du yoga est la prise de conscience : conscience de son corps, de sa respiration, de ses émotions positives ou négatives… Si cette notion peut paraître abstraite pour les petits, elle fait pourtant partie d'un processus éducationnel, au même titre que la politesse et les bonnes manières, dont votre enfant vous sera reconnaissant plus tard.

Comme l'explique la psychothérapeute Jeanne Siaud-Facchin, créatrice des centres Cogito'Z, dans *Forcer le destin* : « Dans la vie il existe deux grands langages, ce qui se dit avec les mots, ce qui se dit avec le corps. Pour que le message soit clair et crédible, les deux doivent être alignés, en phase. Sinon le langage du corps prime toujours sur la compréhension réelle du message (…). »

Les jeunes adultes qui auront appris, grâce et avec leurs parents, à se connaître, à se comprendre, auront plus de facilités à faire des choix de vie, notamment au moment de l'entrée dans les cycles d'études supérieures, évitant le phénomène classique du mimétisme de l'adolescent qui veut faire comme ses copains et échoue trop souvent parce qu'il n'est tout simplement « pas dans sa voie ». Être en conscience, c'est aussi faire les bons choix pour SOI et non plus pour faire plaisir aux parents ou pour rester en sécurité dans le sillage des autres...

La voie du bonheur

Soyons humbles, parfois notre « travail » de parents est plus grand que nous... Mais rappelons-nous une vérité importante soulignée à nouveau par Jeanne Siaud-Facchin : « Le meilleur prédicteur de l'équilibre psychologique d'un enfant est le plaisir à vivre de ses parents [...] Quand les parents peu satisfaits de leur vie, de leur métier, enjoignent à leurs enfants de travailler dur à l'école pour être heureux dans leur vie future... Comment dire ? Cela a peu de poids. Même si profondément les parents souhaitent vraiment, vraiment, que leurs enfants aient un brillant avenir. » Ne nous épuisons pas en injonctions prémonitoires pour motiver nos enfants à trouver la voie du bonheur : trouvons la nôtre et partageons-la avec eux. Tout simplement.

Ce livre, ni prosélyte ni religieux, est là pour vous guider, vous suggérer des idées, vous ouvrir les chakras et l'esprit. Pour vous apprendre ensemble à mieux respirer, à sourire, à aimer votre corps, à l'apaiser.

Rappelez-vous les six traits positifs de l'être humain qui favoriseraient bonheur et bien-être selon Martin Seligman, l'un des papes de la psychologie du bonheur, dans *La Fabrique du bonheur* :

- la sagesse et la connaissance (d'où l'importance de développer curiosité, créativité et ouverture d'esprit) ;
- le courage, accompagnant la persévérance et l'enthousiasme ;
- l'humanité : amour, intelligence émotionnelle, bienveillance...
- la justice (et la responsabilité sociale) ;
- la tempérance, favorisant humilité et pardon ;
- la transcendance, c'est-à-dire le sens donné à la vie, la vie spirituelle, l'espoir...

Et pourquoi ne pas adjoindre le yoga, dont vous avez pu ressentir par vous-même tous ces bienfaits, dans votre recette quotidienne du bonheur ?

Sentez-vous bien ensemble

Bien sûr l'appétence de votre enfant peut se porter sur d'autres activités et vous ne devez pas l'obliger à faire la séance, mais vive nos « Trucs & astuces » pour l'y inciter !

Pour les parents qui pratiquent déjà le yoga, envisagez cette discipline avec vos enfants d'un œil neuf, laissez-vous surprendre par les effets des postures et surtout ne cherchez jamais à impressionner votre enfant par vos propres aptitudes yogiques... L'ego reste au placard !

Et puis, ce n'est pas grave si l'enfant ne comprend pas toute la portée du yoga et des séances : votre pratique commune est en soi une expérience, une aventure à vivre au présent. Évitez le piège de « l'anxiété de la performance » qui se retrouve chez beaucoup d'enfants (puis chez les mêmes devenus adultes !) en vous rappelant à chaque instant qu'il n'y a pas de niveau de réussite, pas d'objectif à atteindre, pas de compétition. Ne fixez jamais la barre trop haut, gardez le seul objectif valable : vous sentir bien ensemble !

Appropriez-vous ce livre

Vous avez maintenant de quoi établir vos séances : faire une séance entière ou au contraire piocher quelques gestes, quelques postures à utiliser selon les préférences et les besoins de chacun. Si vous n'avez pas forcément la possibilité de faire une séance entière, inventez, travaillez 2 postures un jour puis une séance entière un autre jour...

Faites-vous confiance pour trouver ce qui va marcher avec votre enfant. Vous êtes le meilleur parent dont il puisse rêver !

Ne culpabilisez pas si vous préférez un jour « coller vos enfants devant la télé » pour pouvoir faire une sieste plutôt que de démarrer une séance de yoga. Si vous ne faites pas une séance complète, rappelez-vous simplement que même sur le chemin de l'école, à pied ou en voiture, dans le bain ou pendant le dîner, nous vous proposons de nombreux petits exercices qui aideront simplement votre enfant à évoluer dans son quotidien « en conscience ». Même un jour de grande fatigue vous pouvez donc lui apporter des petits plus très bénéfiques.

Par ailleurs, de la même façon que le corps ne peut pas se nourrir des mêmes aliments chaque jour, ressentez ce dont votre enfant a besoin à tel moment du jour, de la semaine, du week-end ou des vacances... Alternez selon son envie - et la vôtre ! - yoga doux ou yoga dynamique, méditation, mandalas, simples exercices de respiration ou visualisation... Plus vous apprendrez à vous écouter vous-même plus votre enfant prendra conscience des bienfaits d'une écoute intérieure.

Soyez à l'écoute de votre cœur et de son cœur d'enfant

Gardez toujours à l'esprit la justesse des mots du grand maître yogi B.K.S. Iyengar : « À l'école, on apprend à lire les mots, à compter, à réfléchir dans une certaine direction, mais on n'apprend jamais à lire le corps et les mouvements de l'esprit. Pourtant, comme le langage, le corps et l'esprit possèdent eux aussi leur grammaire. Oui, notre avenir dépendra sûrement de l'éducation que l'on donnera à nos enfants, une éducation complète et la plus large possible. Regardez autour de vous, les enfants ne réfléchissent pas comme les adultes ; ils plongent dans le yoga sans se poser de questions, ils sauront bien alors s'accaparer les outils de cette discipline si on sait leur offrir les clefs de la liberté dès leur plus jeune âge. C'est bien ce cœur d'enfant simple et rassembleur qu'il nous faudrait retrouver et garder tout contre nous. Car si notre mental, sans cesse frappé par le ressentiment et l'avidité, divise le monde en millions de morceaux, le cœur lui, en fait, est un tout... » (Stéphane Haskell, *Respire*).

Osez, amusez-vous, improvisez, surprenez-vous ! Maintenez l'esprit de découverte, l'humour et la légèreté, le yoga est vivant, comme vos enfants et nous vous considérons comme des créateurs à part entière ! Nous avons choisi justement, pour vous guider dans ce voyage vers le yoga, 2 enfants, illustrés par notre amie Soledad, pour garder cet esprit à chaque page.

Le yoga et toutes ses voies sont de merveilleux outils pour, à tout âge, devenir maître de son bien-être et grandir heureux… Nous faisons nôtre cette jolie formule de Christophe André : « Le bonheur, c'est la conscience du bien-être. » Tout simplement…

Le mot de la fin…

Merci d'avoir pris notre moyen de transport vers la sérénité, merci de pratiquer.

Voyagez ensemble, encore et encore, partagez, riez, transmettez !

Lise et Élodie

GLOSSAIRE

La plupart des termes explicités dans ce glossaire sont en sanskrit sauf précision contraire. Cette langue ancienne utilisée il y a plus de 3 000 ans par les premiers yogis est la langue source de l'hindi et de nombreux dialectes en Inde. Les textes fondateurs du yoga ont tous été originellement écrits en sanskrit.

Anjali mudra. Position des mains serrées en prière contre le thorax.

Ashtanga yoga. Désigne « le yoga à huit branches » décrit dans les *Yoga Sutras* de Patanjali. L'ashtanga est une pratique dynamique où les postures et les transitions, en synchronisation parfaite avec la respiration, sont codifiées dans un ordre spécifique établi par Sri Krishna Pattabhi Jois.

Ayurveda. Médecine traditionnelle originaire de l'Inde proposant une approche médicale alternative et holistique, combinant traitements à base de plantes, lavages, massages, alimentation... La principale différence avec la médecine allopathique réside dans l'approche globale et préventive, plus que curative, des soins.

Bâton planté. Posture assise, le yogini a les jambes tendues devant lui, le dos très droit, les mains posées au sol au niveau des fessiers et le menton légèrement rentré vers le sternum.

Chien tête en bas. Également appelée **posture de la montagne*** en hatha yoga, cette position consiste à poser les 4 points d'appui du corps fermement au sol (mains et pieds) et à lever fesses et hanches le plus haut possible, tout en gardant le dos droit dans l'alignement de la tête et de la nuque. C'est une posture clef de toutes les formes de pratique du yoga, une posture inversée dynamique dans laquelle il est nécessaire de rester tonique et de respirer pour gagner en souplesse petit à petit.

Contre-posture. Posture sollicitant les muscles antagonistes de la posture précédente dans l'idée de soulager et d'équilibrer les effets de celle-ci.

Drishti. Point de focalisation du regard qui, maintenu immobile, permet d'améliorer considérablement la concentration et l'équilibre des postures. Dans la pratique traditionnelle indienne, à chaque posture correspond un drishti.

Do In. Do In signifie « travail des doigts » en chinois. C'est une gym douce très ancienne dont l'objectif est de relancer l'énergie du corps par le biais d'automassages qui réveillent, tonifient et échauffent. Le Do In est à la portée de tous : il ne requiert ni souplesse particulière ni endurance, simplement de la régularité. C'est à la fois une technique et un moyen de mieux connaître son corps, de le préparer à l'activité physique ou à une journée sereine. Un Do In avant un travail physique permet de diminuer les courbatures et une meilleure récupération. Le Do In procure également détente et bien-être favorables à la concentration. Pratiquer régulièrement fait progresser la sensibilité aux sensations et aux signaux de votre corps.

Hatha yoga. D'après la tradition indienne, le Hatha yoga est né cinq mille ans avant notre ère. Hatha signifie littéralement « mettre en commun les forces opposées et complémentaires » du masculin et du féminin, du soleil et de la lune, à l'origine de la polarité du corps physique qui amène à un bien-être profond, une santé rayonnante. En Occident, le Hatha yoga est la forme de yoga la plus courante.

Jambe de terre. C'est la jambe qui reste en appui au sol lors d'un équilibre debout.

Lotus/demi-lotus lotus. Posture emblématique des yogis, elle consiste, à partir de la position en tailleur, à placer le pied droit sur la cuisse gauche (posture du demi-lotus) puis le pied gauche par-dessus sur la cuisse droite (lotus). Il est recommandé de pratiquer la méditation en lotus ou demi-lotus.

Mantra. Dans l'hindouisme et le bouddhisme, syllabe ou phrase sacrée dotée d'un pouvoir spirituel, répétée plusieurs fois chantée ou parlée pour en diffuser les effets dans le corps et l'esprit.

Méditation en conscience. Une pratique méditative consiste en une assise silencieuse permettant à chacun d'accueillir ce qui se présente, tel que les émotions et ressentis, sans jugement aucun, dans une totale acceptation et avec bienveillance. Cette approche non religieuse privilégie l'attention aux sensations les plus subtiles à l'intérieur de corps, associée à une respiration consciente profonde.

Namasté. Le mot « Namasté » lié à la position des mains en prière devant la poitrine est communément utilisé en Inde pour saluer une personne, mais a une valeur plus symbolique pour les yogis puisqu'il signifie littéralement « je salue le divin qui est en toi ». On l'utilise habituellement pour saluer son professeur à la fin d'une séance de yoga.

Pieds flex. Position des doigts de pieds se relevant vers les tibias, provoquant un étirement de la plante des pieds et de l'arrière des mollets. C'est l'inverse des pieds pointés.

Posture de l'enfant. Posture « Yin » par excellence, idéale pour relâcher le corps en profondeur, elle consiste à rester assis sur les talons, le front reposé au sol, les bras détendus le long du corps, mains près des pieds.

Posture inversée. Toute posture dans laquelle le niveau du cerveau se retrouve plus bas que celui du cœur, inversant ainsi le sens du flux d'oxygène.

Prana. Souffle vital, base de toute l'énergie du corps.

Pranayama. Série d'exercices visant à harmoniser la respiration, nettoyant ainsi l'esprit de toute pensée parasite.

Qi Gong. Prononcé « Chi Kong », le Qi Gong est un art énergétique interne chinois, une gymnastique traditionnelle douce basée sur des mouvements fluides.

Respiration. La respiration yogique est le fait d'inspirer ET d'expirer à un rythme régulier et en conscience. Il existe différentes formes de respiration en yoga, la plus courante étant la respiration Ujjayi ou « respiration victorieuse ».

Règle des 3-6-9-12 de Serge Tisseron.

– 1. Pas d'écran avant 3 ans, ou tout au moins les éviter le plus possible.

De nombreux travaux montrent que l'enfant de moins de 3 ans ne gagne rien à la fréquentation des écrans.

– 2. Pas de console de jeu portable avant 6 ans.

Aussitôt que les jeux numériques sont introduits dans la vie de l'enfant, ils accaparent toute son attention, et cela se fait évidemment aux dépens de ses autres activités. En outre, avant que l'enfant ne sache lire, les seuls jeux possibles sont sensori-moteurs et basés sur la stéréotypie motrice.

– 3. Pas d'Internet avant 9 ans, et Internet accompagné jusqu'à l'entrée en collège.

L'accompagnement des parents sur Internet n'est pas seulement destiné à éviter que l'enfant y soit confronté à des images difficilement supportables. Il doit lui permettre d'intégrer trois règles essentielles : tout ce que l'on y met peut tomber dans le domaine public, tout ce que l'on y met y restera éternellement, et tout ce que l'on y trouve est sujet à caution parce qu'il est impossible de savoir si c'est vrai ou si c'est faux.

– 4. Internet seul à partir de 12 ans, avec prudence.

Là encore, un accompagnement des parents est nécessaire. Il faut définir avec l'enfant des règles d'usage, convenir d'horaires prédéfinis de navigation, mettre en place un contrôle parental…

– 5. Une règle nécessaire, mais pas suffisante.

Enfin, si la règle « 3-6-9-12 » est nécessaire, elle n'est pas suffisante à elle seule. Cadrer le temps d'écran, et cela à tout âge, est essentiel. Entre 3 et 5 ans notamment, les enfants n'ont rien à gagner à passer plus d'une heure par jour devant un écran. Par ailleurs, ils doivent bénéficier d'une éducation qui leur permette de comprendre les conditions de production des divers médias et leurs modèles économiques. C'est le rôle de l'institution scolaire de les leur donner.

Les écrans doivent être encadrés dès l'enfance et l'enfant éduqué aux médias. La règle « 3-6-9-12 » est une pièce majeure de ce dispositif, mais une pièce seulement.

Salutation au soleil ou Surya Namaskar. Enchaînement fluide de postures ouvertes visant à tonifier le corps. Il s'agit d'une salutation traditionnelle en Inde dans laquelle le pratiquant s'incline face au soleil levant.

Savasana. Littéralement « la posture du cadavre », elle est incontournable pour finir toute séance de yoga, si courte soit-elle.

Allongé sur le dos, détendu, les bras reposent le long du corps, paumes légèrement écartées du corps et tournées vers le ciel, pieds tombant vers l'extérieur pour mieux ouvrir et relâcher les hanches.

Shiatsu. Technique énergétique japonaise de digitopression fondée sur la médecine traditionnelle chinoise, le Shiatsu est un massage habillé fait de pressions digitales sur les lignes d'énergie du corps : les méridiens.

Tadasana ou posture de la montagne. Nom sanskrit de la posture de la montagne. Debout, jambes écartées à la largeur du bassin, épaules baissées, buste droit mais détendu, mains pointées vers le sol (il existe des variantes de la montagne où les bras prennent différentes positions). Cette posture sert de base à de nombreuses autres postures debout ou à des enchaînements comme les salutations.

Tao. Dans la philosophie chinoise, le Tao signifie « voie, chemin ». Il est, pour les Chinois, la source de toute chose, l'essence même de l'univers qui en régit les forces. Le Tao a inspiré nombre de religions, philosophies et disciplines en Asie.

Védique. Tout ce qui a rapport avec le Veda, livre sacré de l'Inde composé d'un ensemble de textes qui, selon la tradition, ont été révélés aux sages indiens nommés rishis.

Yang. La pensée chinoise envisage la réalité comme étant Yin ou Yang, cette réalité pouvant passer d'un état à l'autre. Le caractère Yang englobe ce qui est lié à l'activité, à la chaleur, au jour, au masculin... Le Yang ne va pas sans le Yin et ne s'y oppose pas, comme leur symbole en atteste. L'équilibre entre ces deux polarités est recherché à travers de nombreuses disciplines : disciplines physiques (Qi gong & yoga notamment), pharmacopée, nourriture, massages, acupuncture...

Yin. Le caractère Yin, polarité opposée du Yang, est lié à la passivité, à l'humidité, à la nuit, au féminin, à l'ombre, à tout ce qui est interne, latent...

Yin Yoga. Le Yin Yoga est un yoga où l'on se détend en profondeur. Les postures assises ou allongées sont tenues longtemps pour régénérer et rééquilibrer le corps.

Yoga Nidra. Le Yoga Nidra est une technique qui aide à se libérer des émotions négatives et à retrouver une bonne qualité de sommeil. Cette pratique de relaxation induit un état d'équilibre entre le sommeil et l'éveil, dans lequel le pratiquant est en repos complet tout en restant pleinement conscient. La maîtrise de ce point de bascule permet de récupérer sans dormir.

Zafu. Coussin de méditation rond, rectangulaire ou en demi-lune, permettant de rehausser le bassin et ainsi de maintenir le dos droit plus longtemps en posture de méditation assise.

DISCOGRAPHIE

Voici les auteurs, compositeurs, chanteurs et chanteuses avec lesquels nous aimons bien travailler et vivre !

N'hésitez pas à écouter et faire votre propre sélection pour vos relaxations et vos séances.

- **Kiran Ahluwalia**
- **René Aubry**
- **Mika de Brito, Yvo Abadi, Alexandre Jean et Adrien Biehler**, *Classic Hang Yoga*, 2000
- **Anouar Brahem**
- **Café del Mundo**
- **Bruno Coulais**, *Le Peuple migrateur* (bande originale du film), Virgin, 2001
- **Ismail Darbar**, *Devdas* (Bande originale du film), Barclay, 2003
- **Claude Debussy**, *Suite bergamasque pour le piano*, Alto, 2014
- **Pierre Estève**, « Chu », *Bamboo*, Shouting Star, 1996
- **Ali Farka Touré et Toumani Diabaté**, *Ali and Toumani*, World Circuit, 2010
- **Nusrat Fateh Ali Khan**
- **Toutes les BO du Studio Ghibli**
  - Studio Ghibli, *Les Classiques*, Wasabi, 2005

- **Chilly Gonzales**
  - *Solo Piano*, Gentle Threat, 2010
  - *Solo Piano II*, Gentle Threat, 2012
  - *Chambers*, Gentle Threat, 2015
- **Grooploop**
- **Joe Hisaishi**, *Le Voyage de Chihiro*, Milan records, 2002
- **Keith Jarrett**
- **Paul Mindy, Chantal Grosléziat et Elodie Nouhen**, *Comptines et berceuses du baobab* (livre disque), Didier Jeunesse, 2002
- **Deva Premal**
- **Serge Prokofiev**, *Pierre et le Loup*,
  - raconté par Gérard Philipe (pour les nostalgiques !) ;
  - ou par François Morel sur DVD Radio France (avec une super appli pour tablettes) ;
  - par Lambert Wilson (EMI Classics) ;
  - dans une version jazzy interprétée par Gavin Friday et son ensemble, contée par Tom Novembre et avec des dessins de Bono, Naïve
- **Erik Satie**, *Gnossiennes et Gymnopédies*, Sony Classical, 2000
- **Ravi Shankar**
- **Ballaké Sissoko**
- **Jai Uttal**
- **V/A Afrika/Chœur d'enfant**, *Rainbow Africa*, Lestuaire, 2016

BIBLIOGRAPHIE

ANDRÉ Christophe, JOLLIEN Alexandre, RICARD Matthieu, *Trois amis en quête de sagesse*, L'Iconoclaste et Allary Éditions, 2016.

BACUS Anne, *Votre enfant de 1 à 3 ans*, Marabout Poche, 2013.

BACUS Anne, *Votre enfant de 3 à 6 ans*, Marabout Poche, 2013.

BROWN Christina, *Le Livre du yoga*, Parragon Books, 2007.

Cerveau & Psycho, n° 74, février 2016.

CHOQUE Jacques, *Stretching et Yoga pour les enfants*, Amphora, 2005.

COHEN HARPER Jennifer, *Flower Yoga : mon cours de yoga pour les enfants*, Marabout, 2015.

DE THUIN Aude et SIAUD-FACCHIN Jeanne, *Forcer le destin*, Robert Laffont, 2016.

DEZE Ulrike, *Le Yoga de Kika*, Milan, 2011.

DIEDERICHS Gilles, *Mon premier livre de yoga*, Nathan, 2009.

Dr ELLSWORTH Abby, *Yoga, anatomie et mouvements*, Le Courrier du livre, 2015.

EMOTO Masaru, *Le Miracle de l'eau*, Guy Tredaniel Éditeur, 2008.

FILLIOZAT Isabelle, *Psychologie Positive n° 4*, p. 98, 2015.

GIAMMARINARO Martine et LAMURE Dominique, *Yogito, un yoga pour l'enfant*, Les Éditions de l'Homme, 2005.

HASKELL Stéphane, *Respire. Comment le yoga m'a sauvé et peut tous nous aider*, Michel Lafon, 2016.

HUTCHISON France, *100 jeux avec Namasté*, Béliveau éditeur, 2013.
KARVEN Ursula, RAATZ Axel et BLOCH Yael, Léa et le chat *yogi*, Éditions La Plage, 2010.
LANSON Aurélia, *Meditation in the City*, http://meditationandthecity.com/
Lark Liz, *Yoga pour les enfants*, Le Courrier du livre, 2003.
LENOIR Frédéric, *La Puissance de la joie*, Fayard, 2015.
MALACHARD DE TURCKHEIM Delphine, *Mes desserts gourmands sans gluten et sans lactose*, Marabout, 2016.
RUFO Marcel et MEIRIEU Philippe, *Élever son enfant 6-12 ans*, Éditions Hachette Pratique, 2009.
RUFO Marcel et SCHILTE Christine, *Élever son enfant*, Éditions Hachette Famille, 2015.
SELIGMAN Martin, *La Fabrique du bonheur, vivre les bienfaits de la psychologie positive au quotidien*, InterÉditions, 2011.
THÉVENOT Brigitte et NAOURI Aldo, *Questions d'enfants*, Éditions Odile Jacob, 1999.
VALET Gilles-Marie, *L'Enfant de 6 à 11 ans, l'âge de raison, une étape cruciale*, Larousse Poche, 2014.
VIANU Marga, *L'Apprentissage du bien-être par le Tao pour les enfants et les parents*, Le Courrier du livre, 2013.
WERNER Monica et VON BRAUNSCHWEIG Ruth, *Aromathérapie*, Vigot, 2008.
WONDERJANE, *L'Abécédaire du petit yogi*, Le Courrier du livre Jeunesse, 2013.

REMERCIEMENTS

Merci à nos petits yogis facétieux Jules et Jeanne qui nous ont tant inspirées !

Je remercie tellement Élodie sans qui…
mais aussi Ryma et Élise pour leur écoute
et leur accompagnement.
Merci à la grande et talentueuse Soledad
qui a si bien illustré nos idées, même les plus farfelues.
Merci à Cécile, mon amie estropiée,
pour sa relecture et ses idées.
Je remercie également mes maîtres Manfred,
André et Gilbert.
Et puis, une énorme bise à tous mes élèves
à qui j'ai beaucoup pensé en écrivant !

Lise

Merci à Lise, ma formidable "maître Capello"
pleine d'imagination et d'humour,
grâce à qui écrire ce livre a été une source de joie
et de rires quand j'en avais tant besoin.
Merci à nos super éditrices Ryma & Élise
qui nous ont portées par leur enthousiasme contagieux.

Merci à la géniale Soledad
qui sait si bien mettre une couche d'humour poétique
sur la vie.

Merci à Capu, ma sœur de cœur,
et à toute mon équipe du Tigre & du MiniTigre
sans lesquelles je n'aurais pu traverser cette année difficile.

À Baba, Dadou, Nico, Mimine
et toute mon immense famille,
un grand merci plein d'amour
pour votre incroyable soutien au quotidien.

Merci à mon ange jumeau toujours là…

Merci à tous mes amis adorés qui m'ont encouragée,
entourée, soutenue, toute l'année.

Et bien sûr… merci à mes rayons de soleil…
Hervé, Jules & Alma… mon oxygène.

Élodie

Nous remercions vivement nos talentueux contributeurs :
Fréderic Lenoir qui a accepté de prendre
sa magnifique plume,
Aurélia Lanson, fondatrice de Meditation in the City,
pour ses séances de relaxation créatives et poétiques,
Franck Goeury pour sa séance de Qi Gong,
Delphine Malachard de Turckheim
pour ses délicieuses recettes sans gluten
et Moussa Mokraoui pour son mantra
de la paix qu'on adore ! :-)

Lise & Élodie

12059

Composition
NORD COMPO

Achevé d'imprimer en Italie
par GRAFICA VENETA
le 28 décembre 2017

Dépôt légal février 2018
EAN 9782290158708
OTP L21EPBN000443N001

ÉDITIONS J'AI LU
87, quai Panhard-et-Levassor, 75013 Paris

Diffusion France et étranger : Flammarion